Alle Altersstufen

Rudi Lütgeharm

Das Zirkusbuch
Alle machen mit!

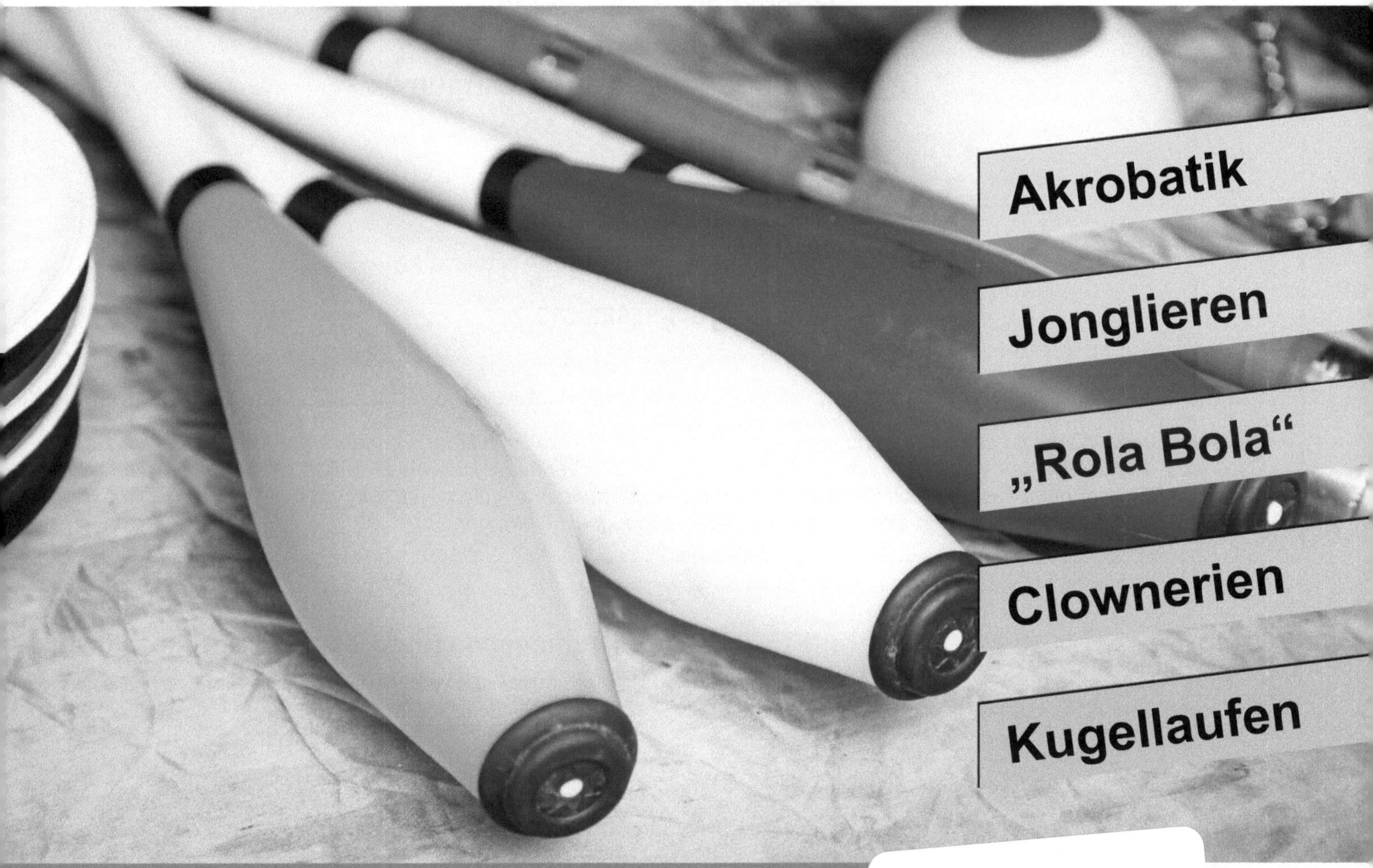

- Akrobatik
- Jonglieren
- „Rola Bola“
- Clownerien
- Kugellaufen

- Schüler als Akrobaten, Jongleure und Clowns
- Tipps und Hinweise
- Einzel-, Partner- und Gruppenaufgaben

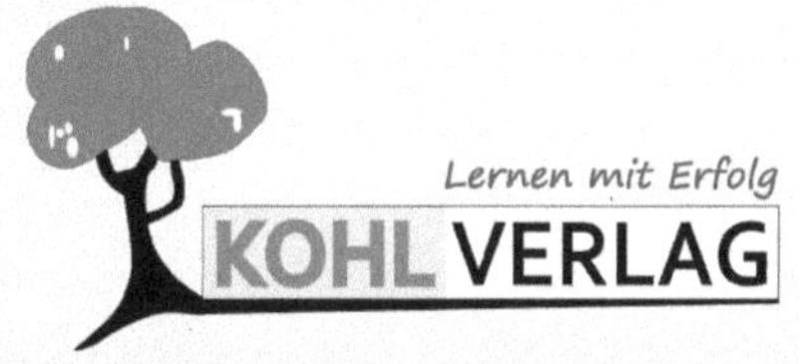

www.kohlverlag.de

Das Zirkusbuch

Alle machen mit!

2. Auflage 2025

Inhalt: Rudi Lütgeharm
Umschlagbild: © esebene - fotolia.com
Illustrationen: Scott Krausen
Redaktion: Kohl-Verlag
Grafik & Satz: Kohl-Verlag
Druck: elanders Druck, Waiblingen

Bestell-Nr. 11 643

ISBN: 978-3-95686-619-7

Inhalt

Das Zirkusbuch
Alle machen mit! – Bestell-Nr. 11 643
KOHL VERLAG

Vorwort

Liebe Kolleginnen und Kollegen,

„Schüler als Akrobaten, Artisten, Jongleure, Clowns? Das ist doch eher etwas für ‚Profis'!"
Nein, Bewegungskunststücke in vereinfachter Form sind auch für Schüler möglich. Beim Zirkusspielen sind Schüler in der Regel schnell dabei und hoch motiviert.

Die Praxis in diesem Buch ist so aufgebaut, dass die Bewegungskunststücke genau beschrieben werden und somit als Grundlage für den Sportunterricht gut einzusetzen sind. Hinweise und Tipps ergänzen den Aufbau bzw. den Ablauf des jeweiligen Bewegungskunststückes. Dieses Buch veranschaulicht auch, dass es möglich ist, unterschiedliche Aufgaben beim Aufbau einer Pyramide zu übernehmen und dadurch können in der Regel alle Schüler mitmachen.

Mit den hier ausgewählten Inhalten lassen sich besonders interessante Sportstunden oder auch Arbeitsgemeinschaften planen, organisieren und durchführen.

Natürlich erheben die hier ausgewählten Spiel- und Übungsformen keinen Anspruch auf Vollständigkeit, zeigen aber beispielhaft auf, wie komplex der Einsatz von „Bewegungskunststücken" sein kann.

Bewegungskunststücke können sehr vielfältig und unterschiedlich sein. Aus der Vielzahl der Übungsmöglichkeiten muss der Sportlehrer vor Ort erfahrungsgemäß eine Auswahl unter Beachtung der Voraussetzungen seiner Schüler treffen.

Damit alle Schüler aktiv mitmachen können, werden manche Übungen unter Berücksichtigung der körperlich-motorischen Voraussetzungen des jeweiligen Schülers und/oder der Klasse bzw. der örtlichen Gegebenheiten verändert oder modifiziert.

Aus der großen Anzahl möglicher Spiel- und Übungsformen ist hier bewusst eine Auswahl getroffen worden, die die Möglichkeiten der Schüler und auch die Umsetzung im Schulalltag berücksichtigen.

Dieses Buch gibt Lehrern, Übungsleitern und pädagogischen Mitarbeitern Lehrmaterialien an die Hand, die sie in die Lage versetzt, das interessante und abwechslungsreiche Übungsangebot der Bewegungskünste anzubieten und zu nutzen.

Viel Spaß und Erfolg beim Ausprobieren und bei der Umsetzung der vielfältigen und unterschiedlichen „Bewegungskunststücke" wünschen Ihnen der Kohl-Verlag und

Rudi Lütgeharm

**Mit Schülern bzw. Lehrern etc. sind im vorliegenden Band selbstverständlich auch die Schülerinnen und Lehrerinnen gemeint. Zur besseren Lesbarkeit beschränken wir uns in diesem Band überwiegend auf die männliche Anrede.*

1 Einführung

Zirkus-Angebote und das Ausführen von Bewegungskünsten sind in den letzten Jahren immer mehr auch in den Mittelpunkt des „ganz normalen Sportunterrichts" gerückt. Schüler versuchen sich als Artisten, Akrobaten und Clowns – es macht ihnen Spaß – das kommt an!

Zirkus-Kunststücke erproben und einüben, häufig in vereinfachter Form und manchmal mit unterschiedlichen Aufgabenstellungen, sodass jeder mitmachen kann – sorgen für eine hohe Motivation bei den Schülern.

Unter Beachtung der unterschiedlichen körperlich-motorischen Voraussetzungen ist es bei vielen Bewegungskünsten, z.B. beim Aufbau einer Gruppenpyramide, möglich, dass jeder Schüler „seinen Anteil" zum Gelingen beitragen kann.

Der häufig doch mehr spielerische Zugang zu den Bewegungskünsten, offene Unterrichtsituationen und die Ausführung von Partner- und Gruppenübungen ermöglichen es in der Regel allen Schülern ,auch mit unterschiedlichen körperlich-motorischen Voraussetzungen, aktiv mitzumachen.

Der Sportbereich „Bewegungskünste" wirkt sich sehr positiv auf den Sportunterricht und auf das gesamte Schulleben aus.

In fast jedem Bundesland findet man heute Aussagen und natürlich auch Zielvorgaben zu den Bewegungskünsten, z.B.

- Lernfeld Turnen und Bewegungskünste: Akrobatische Bewegungen mit und ohne Gerät realisieren.[1]
- Bereiche und Schwerpunkte: Gestalten, Tanzen, Darstellen, Gymnastik/Tanz, Bewegungskünste: Bewegungskunststücke mit Handgeräten und Objekten erfinden, üben und gestalten.[2]

Die im Kerncurriculum für das Fach Sport in der Grundschule (Schuljahrgänge 1-4) genannten mehrdimensionalen Erfahrungen wie .....

..... Körpererfahrung – Bewegungserfahrung – Materialerfahrung – Könnenserfahrung – Ausdruckserfahrung – Sozialerfahrung - Gesundheitserfahrung[3]

..... werden beim Erproben und Ausführen von fast allen Bewegungskünsten angesprochen und gefördert.

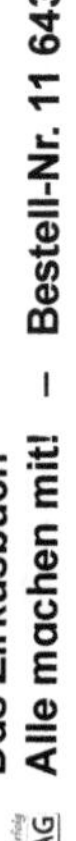

---

[1]Niedersächsisches Kultusministerium (2006): Kerncurriculum für die Grundschule, Schuljahrgänge 1-4 Sport, S. 14

[2]Schulministerium NRW: Lehrplan Sport Grundschule, S. 117

[3]Niedersächsisches Kultusministerium: : Kerncurriculum für die Grundschule, Schuljahrgänge 1-4 – Sport, S. 8

1 Einführung

Die Unterschiedlichkeit der Bewegungskünste an sich, die Neuheit der Geräte und manchmal die Übernahme einer ganz bestimmten Teilaufgabe bei einer „Pyramide", ermöglichen jedem Schüler ganz neue Bewegungserfahrungen.

Natürlich ist es immer gut, wenn der Lehrer eigene Erfahrungen „mit Bewegungskünsten" gemacht hat und dadurch eventuell auftretende Gefahrenmomente schneller erkennt. Aber keine Angst, in diesem Buch werden die Bewegungskünste genau beschrieben und viele Tipps gegeben.
Außerdem werden die schulischen Rahmenbedingungen berücksichtigt, das heißt, es werden nur Spiel- und Übungsformen ausgewählt und angeboten, die unter Beachtung der Aufsichts- und Fürsorgepflicht machbar sind.

Es gibt also ausreichend didaktisch fundierte Gründe, sich im Sportunterricht mit „Bewegungskünsten" auseinanderzusetzen, natürlich immer unter Beachtung besonderer Sicherheitsmaßnahmen. Wichtig ist, dass die vom Lehrer angesagten Regeln und Hinweise von allen Schülern beachtet werden.

KOHL VERLAG Das Zirkusbuch
Alle machen mit! – Bestell-Nr. 11 643

2 Bewegungsküste üben eine große Motivation auf die Schüler aus

Die Zirkuswelt mit ihrer immer noch exotischen Ausstrahlung übt auf Kinder und Jugendliche (auch Erwachsene) eine fast magische Anziehungskraft aus.
Akrobatik mit dem Partner und in der Gruppe, geschickt mit einem Handgerät jonglieren, die Kunst des Gleichgewichthaltens mit dem Rollbrett „Rola Bola" und natürlich Clownerien faszinieren die Schüler und motivieren zu immer neuen Versuchen.

Bewegungskünste üben eine große Motivation auf die Schüler aus, weil .....

- ..... die neuen Geräte einen hohen Aufforderungscharakter besitzen;
- ..... man Bewegungserlebnisse im Sinne außergewöhnlicher Körpererfahrungen machen kann[4];
- ..... man meistens mit dem Partner oder in der Gruppe üben und gemeinsam zur Lösung der Bewegungsaufgabe beitragen kann;
- ..... durch die Unterschiedlichkeit der verwendeten Geräte (Tücher, Bälle, Teller, Diabolo, Rollbrett) auch immer andere ganz spezifische Bewegungsformen möglich werden, die erprobt und angewendet werden können;
- ..... wesentlich mehr Partner-, Gruppen- und freier Unterricht zum Einsatz kommt.

Viele der in diesem Buch beispielhaft ausgewählten Bewegungskünste eignen sich hervorragend, um soziales Lernen und Kooperation zu fördern.

Nicht zu vergessen ... die Jungen und Mädchen kommen immer mit ganz bestimmten Erwartungen in die Sportstunde oder zur Sport-AG:

- Sie möchte sich anstrengen, etwas leisten und körperlich gefordert werden, aber auch etwas Neues und Außergewöhnliches ausprobieren und erleben.

Bewegungskünste in jeder Form bieten sich unter diesen Gesichtspunkten an und sind besonders gut geeignet, den Erwartungen der Schüler gerecht zu werden.
Nutzen Sie das besondere Interesse der Schüler für die Ziele/Intentionen Ihres Sportunterrichts.

Bei der Akrobatik mit dem Partner und in der Gruppe steht das gemeinsame Üben, das gegenseitige Helfen und Sichern im Vordergrund. Außerdem ist es meistens gut möglich, jeden Schüler entsprechend seiner Voraussetzungen aktiv an der Lösung der Aufgaben zu beteiligen.

Beim Jonglieren mit Tüchern, Bällen etc. wird u.a. die Auge-Hand-Koordination und das genaue Werfen besonders angesprochen und geschult.

Gleichgewicht halten und eventuell schnell wiederherstellen ist bei der spielerischen Äquilibristik von großer Wichtigkeit.

Nicht zu vergessen die Clownerien, meistens ist der „dumme August" ein Höhepunkt jeder Zirkusaufführung – stolpern, fallen und schnell wieder auf den Beinen stehen, das will versucht und erlernt sein.

Bewegungskünste sind freizeitorientierte Angebote, die die Schüler auch außerhalb der Schule und über die Schulzeit hinaus ausführen können.

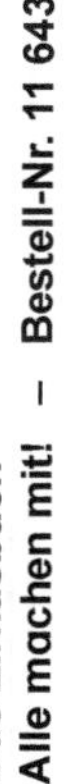

[4]Niedersächsisches Kultusministerium (2006): Kerncurriculum für die Grundschule, Schuljahrgänge 1-4 Sport, S. 13

3 Artisten, Akrobaten und Künstler sind fit – motorische Voraussetzungen sind wichtig

Wer einmal die im Zirkus auftretenden Artisten beobachtet hat, sieht sofort, dass sie „austrainiert“ und topfit sind. Damit auch die Schüler die hier angebotenen Spiel- und Übungsformen ausführen können, sollte man ihren Fitnesszustand durch einige Übungen überprüfen und natürlich auch weiter entwickeln.

Für den Sportunterricht ist es wichtig zu wissen, ob „meine Schüler“ die nötigen Voraussetzungen mitbringen, um die ausgewählten Bewegungskunststücke auch ausführen zu können. Was benötigt also der jeweilige Schüler, um sich aktiv an der Ausführung von Bewegungskunststücken beteiligen zu können?

Kraft, Körperspannung und natürlich gut entwickelte koordinative Fähigkeiten sind wichtige und grundlegende Voraussetzungen beim Ausführen von Bewegungskünsten.

Für das Gelingen der meisten Akrobatikfiguren ist eine gute Körperspannung erforderlich, das heißt, dass man in der Lage ist, den gesamten Körper von Kopf bis zu den Füßen unter Muskelspannung zu halten. Eine gut entwickelte Bauch- und Rückenmuskulatur ist dabei hilfreich. Die Kooperation mit dem Partner, die Sensibilisierung für seinen Körper, das gemeinsame Sich-Bewegen mit Körperkontakt zu Partnern, erfordert ein hohes Maß an Wahrnehmung, Mitfühlen und Mitdenken“ *(Blume 1994, S.19)*.

Bevor die hier vorgestellten Spiel- und Übungsformen angeboten und durchgeführt werden können, sollten deshalb immer vorbereitende und begleitende (ergänzende) Übungen zur Schulung von **Körpergefühl, Körperspannung, Kraft(ausdauer) und einiger koordinativer Fähigkeiten durchgeführt** werden, umso leichter fällt es den Schülern anschließend die jeweiligen Bewegungskunststücke auszuführen.

In diesem Buch werden beispielhaft einige Übungen angeboten, die die Voraussetzungen der Schüler in diesen Bereichen verbessern und ihnen den Einstieg in das jeweilige Bewegungskunststück erleichtern soll. Der Lehrer kann diese exemplarisch genannten Übungen erweitern, variieren und ergänzen.

Wichtigstes Ziel – den Spaß an der Bewegung immer wieder neu entdecken, und zwar manchmal allein, aber immer häufiger auch gemeinsam mit dem Partner oder in der Gruppe. Jeder kann mitmachen, egal ob „Sportskanone“ oder weniger geübt!

Und noch eins ist wichtig: Fitness, Gesundheit und Freude an der Bewegung gehören zusammen. Verbissenheit ist fehl am Platz, im Vordergrund steht immer das fröhliche Miteinander!

Körpergefühl schulen

- Die Hände mit Flechtgriff in die Hochhalte bringen und dabei langsam in den hohen Ballenstand kommen, ohne dabei das Gleichgewicht zu verlieren. Danach die Arme wieder absenken und in die Ausgangsstellung zurückkommen *(siehe Abb. 1)*.

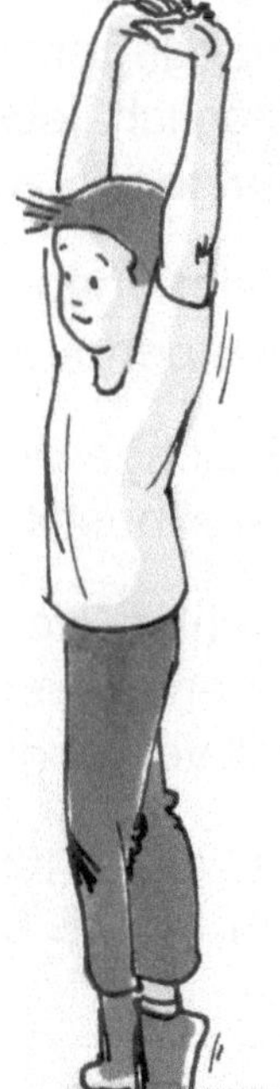

Abb. 1

3 Artisten, Akrobaten und Künstler sind fit – motorische Voraussetzungen sind wichtig

- Auf dem linken Bein stehen und mit dem rechten Fuß kreisen, oder eine liegende Acht ausführen *(siehe Abb. 2)*.

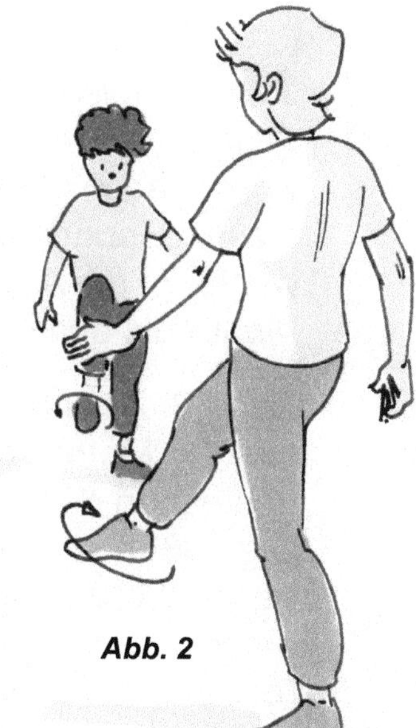

Abb. 2

- Einbeinstand auf dem linken Bein, das rechte Knie fast bis zur Waagerechten anheben. Nun die rechte Hand auf den Kopf und die linke Hand auf den Oberschenkel legen. Einen Moment so stehen bleiben, dann in die Ausgangsstellung zurück und gegengleich üben *(siehe Abb. 3)*.

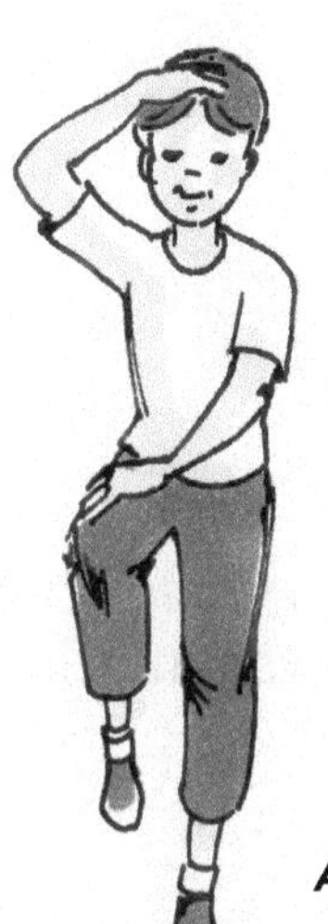

Abb. 3

Körperspannung schulen

- Schüler und Lehrer (anderer Schüler) stehen sich gegenüber. Die größere Person geht dabei eventuell ...
- ... in den Kniestand. Bei aufrechtem Körper die Arme in Schulterhöhe anheben und die Hände aneinanderlegen. Nun leichten Druck auf die Hände des Partners ausüben – mit beiden Händen gleichzeitig. Die Spannung einen Moment halten, dann entspannen und danach erneut den Druck aufbauen *(siehe Abb. 4)*.

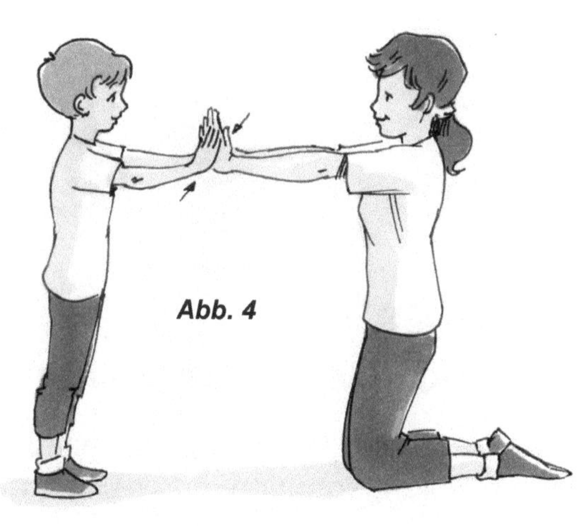

Abb. 4

- Den linken Oberschenkel bis zur Waagerechten anheben und ein Buch darauf ablegen. Danach beide Arme langsam seitwärts nach oben über den Kopf führen – einen Moment so bleiben, danach die Arme wieder absenken und das Buch vom Oberschenkel nehmen und in die Ausgangsstellung zurückkommen. Anschließend zur anderen Seite üben *(siehe Abb. 5)*.

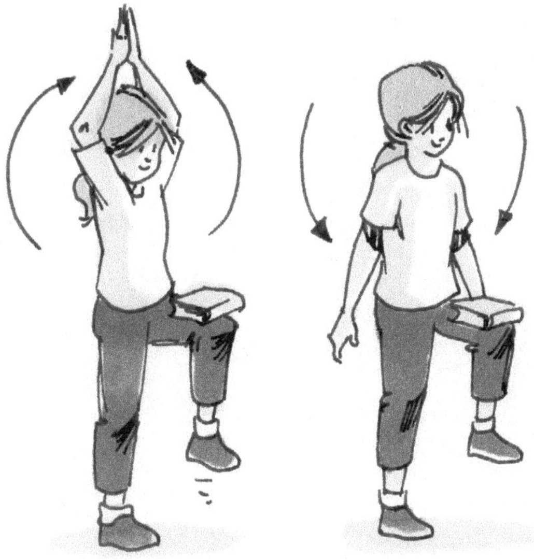

Abb. 5

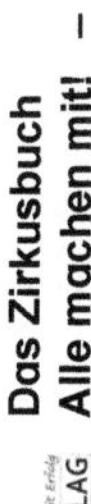

3 Artisten, Akrobaten und Künstler sind fit – motorische Voraussetzungen sind wichtig

- Zwei Schüler stehen sich mit Handfassung gegenüber. Nun langsam mit gestrecktem Körper nach hinten lehnen, einen Moment in dieser „Spannungslage“ bleiben und dann wieder in die Ausgangsstellung zurückkommen. Mehrmals ausführen *(siehe Abb. 6)*.

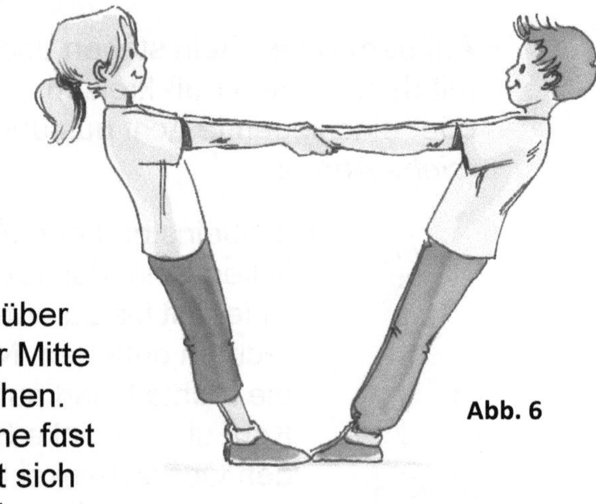
Abb. 6

- Zu dritt: Zwei Schüler stehen sich frontal gegenüber (ca. 1,5 Meter Abstand), ein Schüler steht in der Mitte mit fest an den Körper gelegten Armen dazwischen. Die außen stehenden Schüler strecken ihre Arme fast gestreckt nach vorn. Der mittlere Schüler macht sich ganz steif (Körperspannung) und lässt sich nach vorn (oder hinten) fallen. Die außen stehenden Schüler fangen ihn mit ihren Händen auf und lassen ihn hin und her pendeln. Jeder muss einmal in der Mitte gewesen sein *(siehe Abb. 7)*.

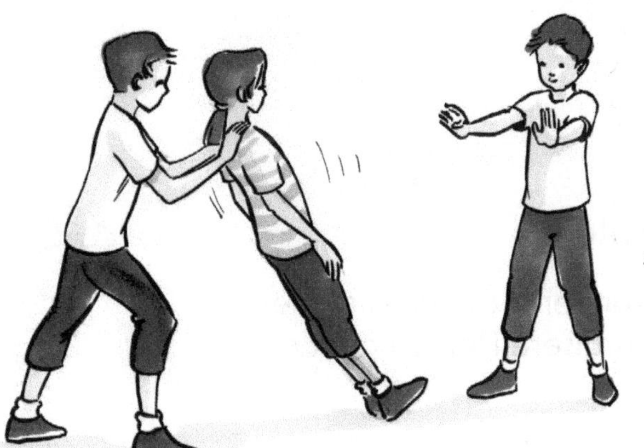
Abb. 7

Koordinative Fähigkeiten schulen

- Über eine Linie oder ein ausgelegtes Seil im Scherenschritt langsam vorwärts gehen, das heißt, erst mit dem linken Fuß die Linie überkreuzen, anschließend überkreuzt der rechte Fuß die Linie usw. *(siehe Abb. 8)*.

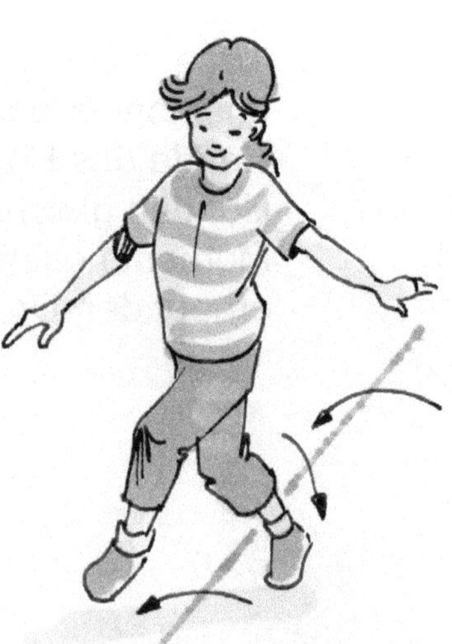
Abb. 8

- Eine Haushaltsrolle senkrecht mit einem darauf liegenden Tennisball in der Hand halten. Langsam damit vorwärts gehen und dann an den ca. 2-3 m entfernt stehenden Partner übergeben
(siehe Abb. 9).

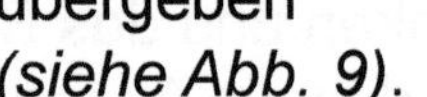

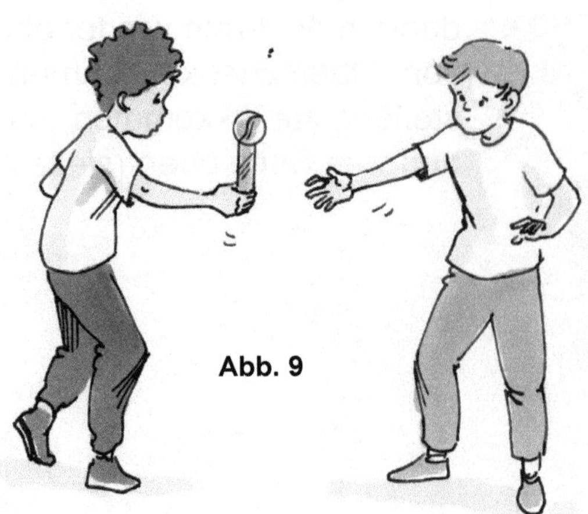
Abb. 9

3 Artisten, Akrobaten und Künstler sind fit – motorische Voraussetzungen sind wichtig

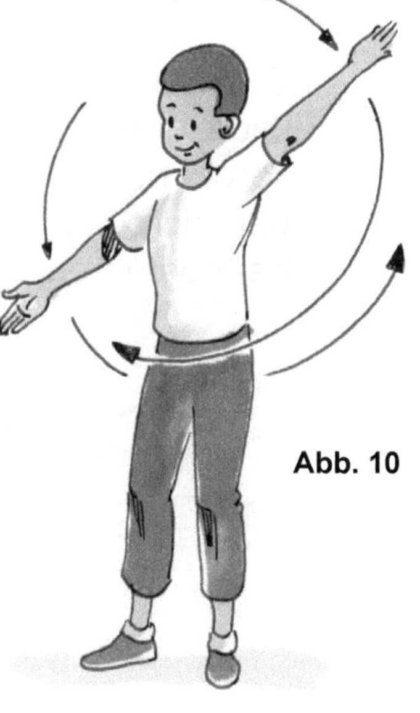

Abb. 10

- Beide Arme gestreckt über Kopf nehmen. Nun gleichzeitig den rechten Arm nach vorn unten und den linken Arm nach hinten unten führen. Wichtig ist das gleichzeitige Zusammenführen über Kopf. 1 bis 3x langsam hintereinander ausführen. Dann gegengleich üben, das heißt, der linke Arm geht nach vorn und der rechte Arme geht nach hinten *(siehe Abb. 10)*.

- Gehen über eine Turnbank und sich dabei durch den selbst gehaltenen Reifen winden *(siehe Abb. 11)*.

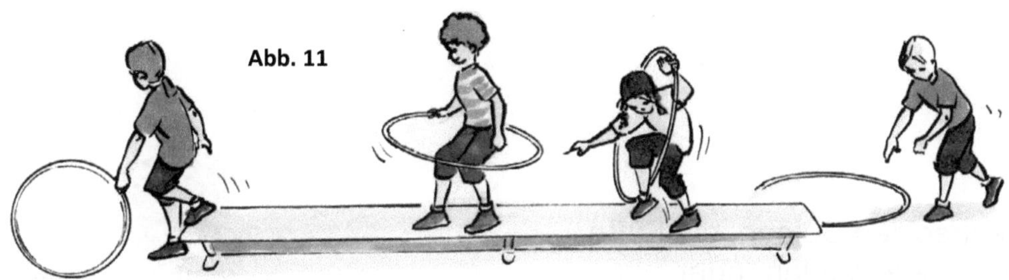

Abb. 11

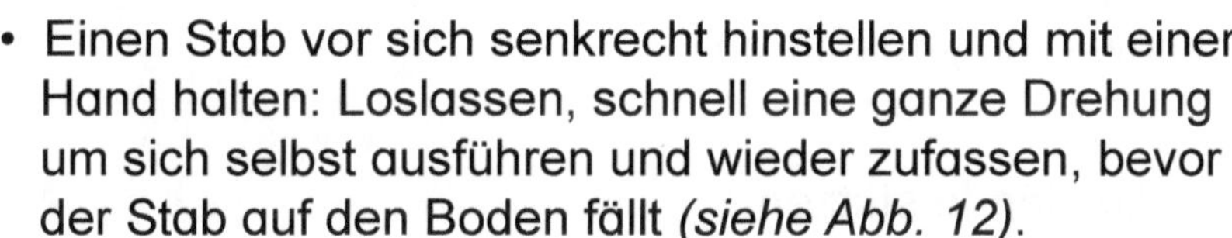

- Einen Stab vor sich senkrecht hinstellen und mit einer Hand halten: Loslassen, schnell eine ganze Drehung um sich selbst ausführen und wieder zufassen, bevor der Stab auf den Boden fällt *(siehe Abb. 12)*.

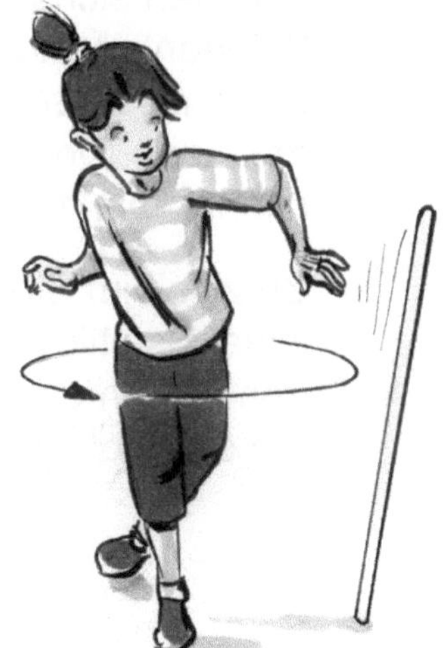

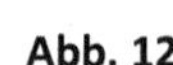

Abb. 12

Kraft (Bauch- und Rückenmuskulatur) schulen

- Bauchlage: Einen Reifen mit beiden Händen rechts und links fassen und vom Boden abheben. Etwa 3 bis 5 Sekunden so bleiben, dann wieder absenken. Die Arme berühren dabei nicht mehr den Boden, die Kopfhaltung bleibt normal, keine Hohlkreuzhaltung *(siehe Abb. 13)*.

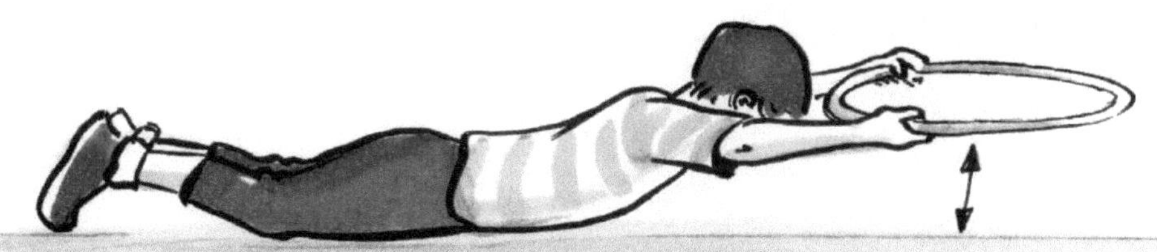

Abb. 13

3 Artisten, Akrobaten und Künstler sind fit – motorische Voraussetzungen sind wichtig

- Zu zweit in Bauchlage gegenüber: Schüler A und B halten einen Gymnastikstab mit leicht gebeugten Armen zwischen sich. Beide Schüler heben gleichzeitig den Oberkörper an, dann schiebt zunächst Schüler A den Stab leicht in Richtung Schüler B, der leicht nachgibt, dann schiebt Schüler B den Stab zu A, mehrmals so hin und her ausführen *(siehe Abb. 14)*.

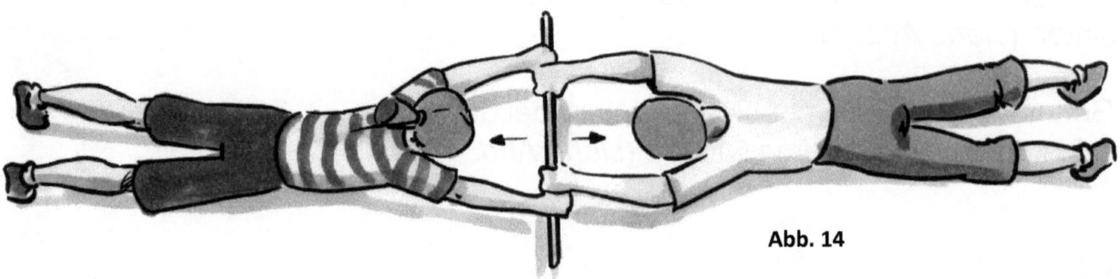

Abb. 14

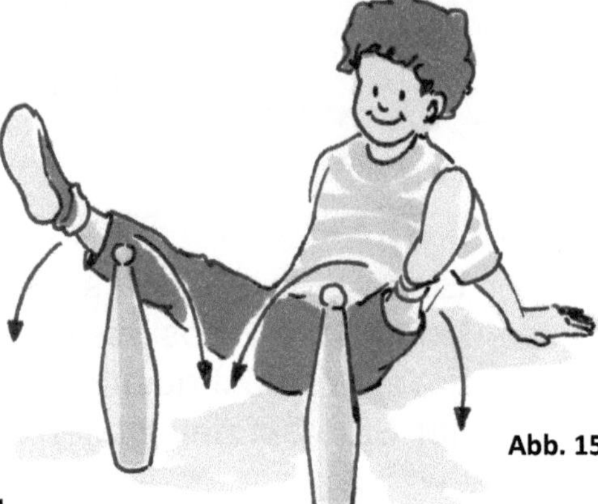

Abb. 15

- Strecksitz mit fast gestreckten Beinen, die Füße befinden sich zwischen zwei Keulen (oder Pylonen). Anheben beider Füße und rechts und links außen neben den Keulen (Pylonen) absetzen. Danach die Rückbewegung ausführen *(siehe Abb. 15)*.
- Zu zweit im Sitz gegenüber, die Hände stützen jeweils seitlich ab: Jeder Schüler hält zwischen den Füßen einen Ball (Medizinball). Den eigenen Ball um den Ball des Partners kreisen lassen *(siehe Abb. 16)*.

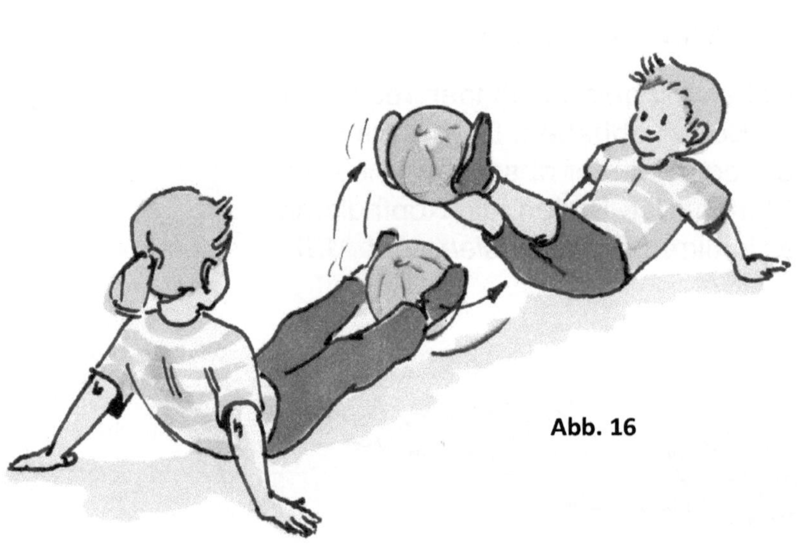

Abb. 16

4 Schulen von motorischen Fähigkeiten und Verbessern der Körperwahrnehmung

Die Bewegungskünste mit ihrer Vielfalt sind in hervorragender Weise geeignet, motorische Fähigkeiten in ihrer Gesamtheit zu fördern und weiterzuentwickeln. Außerdem wird im Umgang mit den Bewegungskünsten „fast automatisch“ die Körperwahrnehmung bewusster und auch differenzierter.

Beim Ausführen von Bewegungskünsten sind vor allem koordinative Fähigkeiten wie Anpassungs-, Reaktions-, Koppelungs-, Gleichgewichts- und kinästhetische Differenzierungsfähigkeit wichtig, aber auch die Kraft ist für viele akrobatische Übungen eine wichtige konditionelle Voraussetzung. Die Grundlagen der vorhandenen koordinativen Fähigkeiten und Kraftfähigkeiten werden natürlich bei der Ausübung von Bewegungskünsten weiter vervollkommnet.

Die folgenden Beispiele machen deutlich, welche inhaltlichen Schwerpunkte unter anderem bei der Ausführung der jeweiligen Bewegungskünste angesprochen und sich daraus natürlich auch Zielsetzungen für den Sportunterricht ergeben.

- Bei der Akrobatik mit dem Partner, zu Dritt oder in der Gruppe benötigt der „Untermann“ dynamische Kraft zum Heben und danach Haltekraft/Kraftausdauer zum Ausbalancieren der Figur. Der obere Schüler braucht dynamische Kraft zum Aufsteigen und Haltekraft der Rumpfmuskulatur, um die Figur zu stabilisieren.
  Außerdem ist die Gleichgewichts-, Anpassungs- und Orientierungsfähigkeit wichtig *(siehe Abb. 17)*.

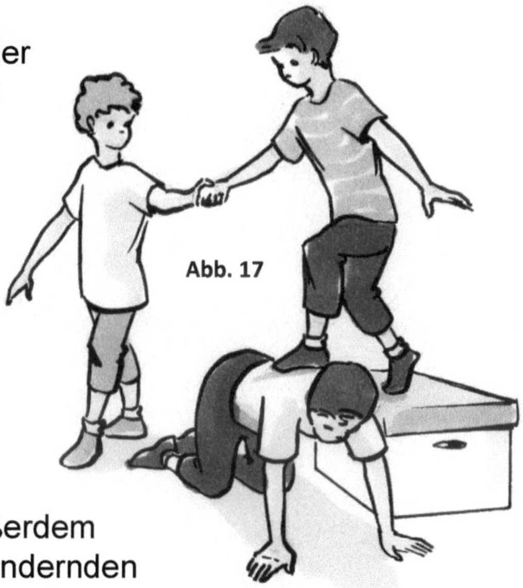

Abb. 17

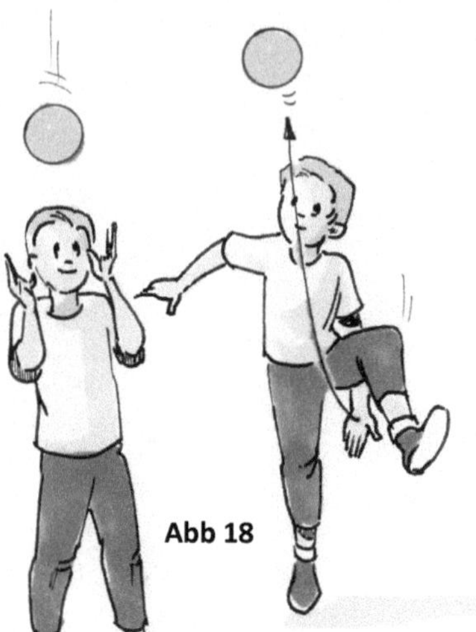

Abb 18

- Beim Jonglieren von Tüchern und Bällen ist die Auge-Hand-Koordination sehr wichtig. Außerdem kommt es darauf an, sich verändernden Bedingungen anzupassen, schnell zu reagieren und die Orientierung nicht zu verlieren *(siehe Abb. 18)*.

- Beim Balancieren auf dem Rollbrett „Rola-Bola“ und beim Kugellaufen ist die Gleichgewichts-, Anpassungs-, Konzentrations- und Orientierungsfähigkeit ähnlich wie beim Einradfahren von großer Bedeutung *(siehe Abb. 19)*.

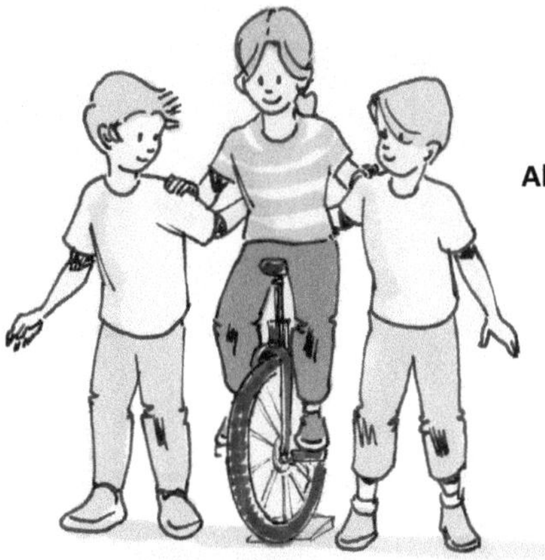

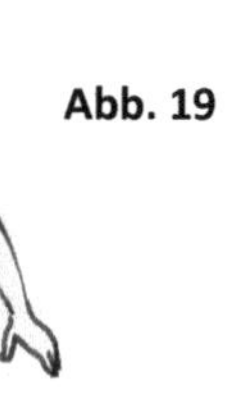

Abb. 19

4 Schulen von motorischen Fähigkeiten und Verbessern der Körperwahrnehmung

Veränderungen der Lebensbedingungen, unter denen Kinder heute aufwachsen, können zu einer Verschlechterung der motorischen Leistungsfähigkeit, zumindest in Teilbereichen, führen. Aus diesem Grunde ist die Entwicklung motorischer Fähigkeiten und Fertigkeiten wesentlich und als Lernprozess anzulegen, der möglichst alle Bereiche der Sport- und Bewegungsaktivitäten umfasst.[5]

Bewegungskünste sind in idealer Weise dazu geeignet, die oben genannten Zielsetzungen zu verwirklichen. Außerdem werden bei vielen Übungen Interaktionen hergestellt, z.B. werden bei der Akrobatik „Bewegungsbeziehungen" mit anderen Schülern eingegangen.

In der praktischen Auseinandersetzung mit neuen Handgeräten, bei der Akrobatik und bei Clownerien werden viele motorische Fähigkeiten komplex geschult. Körper-, Bewegungs-, Material-, Sozialerfahrung und natürlich Ausdruckserfahrung sind inhaltliche Bestandteile des Übens mit Bewegungskunststücken.

[5] Niedersächsisches Kultusministerium (2006): Kerncurriculum für die Grundschule, Schuljahrgänge 1-4 Sport, S. 7

5 Tipps und Hinweise: Sportstunden mit Bewegungskunststücken

Mit „Bewegungskünsten“ ...

- ... können der Sportunterricht und die Sport-AG besonders abwechslungsreich und erlebnisorientiert gestaltet werden;
- ... können besonders motivierende Bewegungsaufgaben durch den Einsatz von neuen Geräten gestellt werden.

Diese hohe Motivaton macht sich natürlich auch in der „Bewegungsfreude“ der Schüler bemerkbar, sodass sie eventuell Gefahrenmomente unterschätzen und „sich selbst überschätzen“.

Daraus ergibt sich, dass die häufig freieren und offenen Unterrichtssituationen besondere Anforderungen an die Sorgfalts- und Aufsichtspflicht des Lehrers stellen, weil er viele – auch unterschiedliche – Aktivitäten der Schüler „im Auge“ behalten muss.

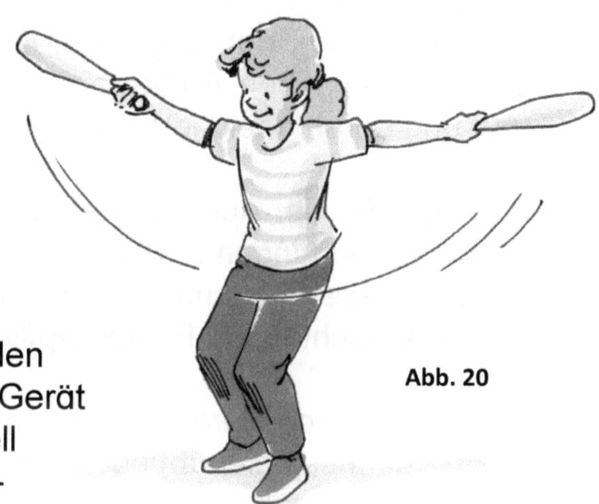

Abb. 20

- Beim Jonglieren mit Tuch und Ball muss (ähnlich wie beim Schwingen mit Keulen) auf ausreichenden Abstand zum Partner geachtet werden. Fällt das Gerät auf den Boden, erst „schauen“ und dann eventuell dem Gerät hinterherlaufen und es wieder aufnehmen *(siehe Abb. 20)*.

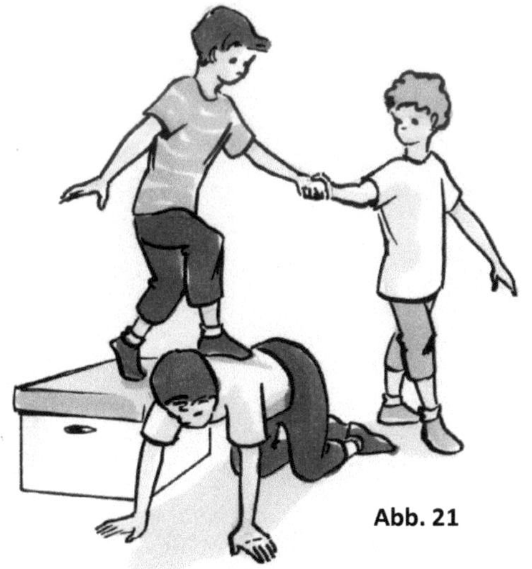

Abb. 21

- Bei der Akrobatik sind manche Gruppen schon allein in der Lage „ihre Figur“ aufzubauen, andere Gruppen dagegen benötigen noch die Hilfe des Lehrers oder Geräthilfen, z.B. kleine Kästen *(siehe Abb. 21)*.

Man darf nicht vergessen, dass der Schüler, der gehoben und getragen wird, sich auf den unteren Schüler verlassen kann. Der Untermann wiederum muss sich darauf verlassen können, dass der obere Partner sich voll konzentriert und vorsichtig verhält.

Bei der Akrobatik ist eine breitflächige Absicherung der Übungsorte durch „ganz normale Turnmatten“ selbstverständlich. Diese Absicherung trägt auch dazu bei, dass die Schüler risikobereiter werden. Die Matten dürfen auf keinen Fall zu weich sein, da die Schüler hier keinen sicheren Stand finden.

- Bei der spielerischen Äquilibristik „Rola Bola“ und beim Kugellaufen wird sowieso zunächst immer mit Hilfen in Form von Geräten oder durch Lehrer/Mitschüler geübt, um dem Übenden erst einmal Sicherheit zu geben und erste Erfolgserlebnisse zu ermöglichen.

KOHL VERLAG Das Zirkusbuch Alle machen mit! – Bestell-Nr. 11 643

5 Tipps und Hinweise: Sportstunden mit Bewegungskunststücken

Durch die häufig freieren und kooperativen Unterrichtsformen sind Regeln und Hinweise zu beachten, um sich selbst und Mitschüler vor Gefahren zu schützen bzw. zu gefährden. Der Lehrer gibt klare Anweisungen und achtet auf die Einhaltung der Regeln.

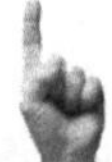

Wichtig: *Insbesondere bei Partnerübungen und Gruppenaufgaben immer die Mitschüler im „Auge" behalten, und evtl. sein eigenes Verhalten schnell auf die neue Situation einstellen.*

Es ist immer gut, wenn der Lehrer zumindest in einigen Teilbereichen der Bewegungskünste eigene Erfahrungen gemacht hat, so erkennt er mögliche Fehler und kann schnell Korrekturen geben. Außerdem ist er vermehrt in der Lage, Gefahrenmomente einzuschätzen und durch geeignete Maßnahmen abzustellen.

Tipp: Bei der Auswahl der Spiel- und Übungsformen immer die schulischen Rahmenbedingungen berücksichtigen, das heißt, nur die Übungen auswählen und anbieten, die aufgrund „ihrer Erfahrung und ihrer Einschätzung" und unter Beachtung der Aufsichts- und Fürsorgepflicht machbar sind.

In diesem Buch werden in jedem Kapitel häufig speziell vorbereitende Vertrauens- und Kooperationsspiele/-übungen angeboten, um eine „gewisse Basis" zu schaffen – auch das sorgt für mehr Sicherheit!

KOHL VERLAG Das Zirkusbuch Alle machen mit! – Bestell-Nr. 11 643

6 Artisten und Akrobaten machen sich vorher immer warm

Trotz der großen Motivation und der Vorfreude auf die neuen Geräte und Aufgaben, müssen sich die Schüler – wie gewohnt – erst einmal aufwärmen. Der Körper wird mit ausgewählten Übungen „auf Betriebstemperatur" gebracht, damit die Bewegungskunststücke auch gelingen.

Aus der großen Anzahl geeigneter Übungen wird hier eine Auswahl angeboten, die man ohne großen Aufwand allein und manchmal mit dem Partner ausführen kann.
Der Lehrer vor Ort wählt die geeigneten Übungen für seine Gruppe oder Klasse aus und stellt sich sein Kurzprogramm zusammen. Die Anzahl der Wiederholungen ist abhängig vom Leistungsniveau der Schüler und natürlich auch von der zur Verfügung stehenden Zeit.

Die allgemeine Erwärmung sollte immer mit ***dynamischen Ganzkörperübungen*** begonnen werden, später schließen sich in der Regel speziell vorbereitende Übungen an, z.B. zur Körperspannung und Gleichgewichtsschulung.

Ganzkörperübungen – dynamische Übungen

- Im Stand mit beiden Händen zunächst nach rechts oben schwingen und zweimal in die Hände klatschen, danach auf die leicht gebeugten Knie zweimal klatschen, anschließend nach links oben schwingen und zweimal in die Hände klatschen usw. *(siehe Abb. 22).*

- Hüpfen mit geschlossenen Füßen vor und zurück, Beine im Wechsel grätschen und überkreuzen *(siehe Abb. 23)*; im Quadrat hüpfen, d.h. Hüpfer nach vorn, Hüpfer nach links, Hüpfer nach hinten, Hüpfer nach rechts usw. *(siehe Abb. 24).*

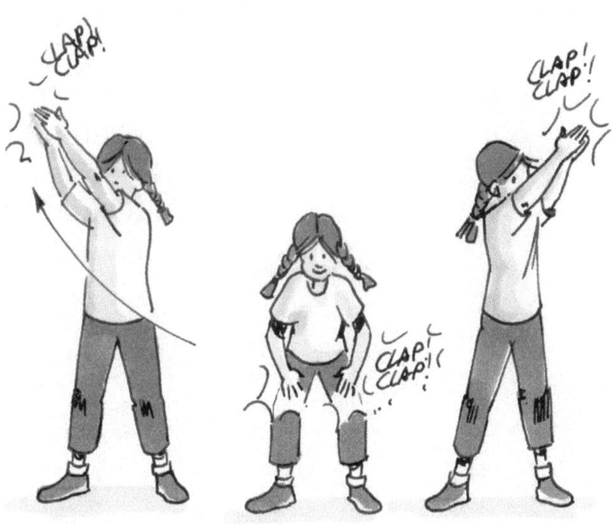

Abb. 22

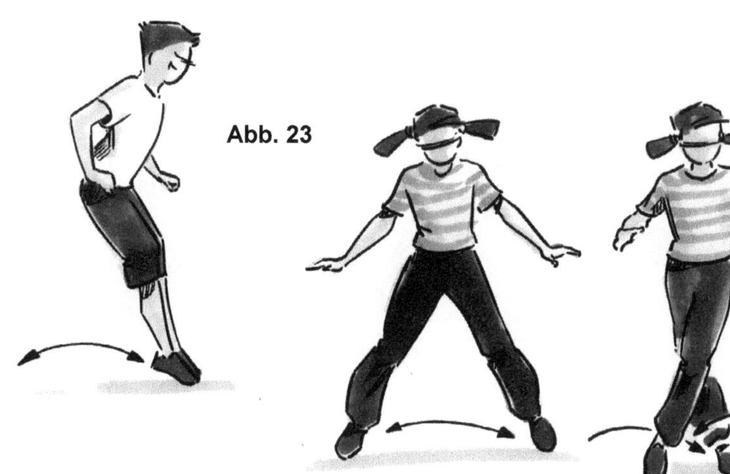

Abb. 23

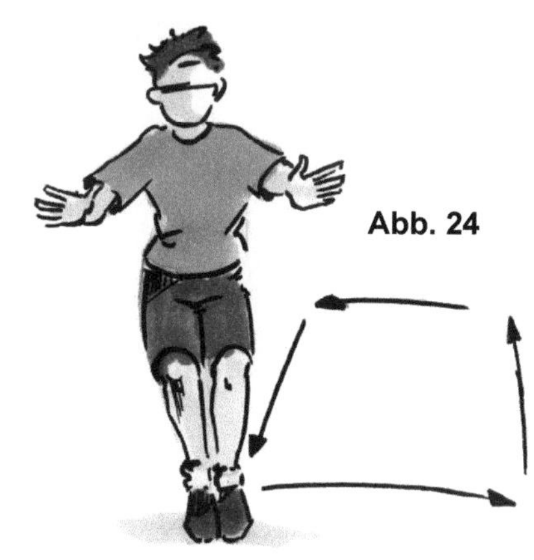

Abb. 24

Das Zirkusbuch
Alle machen mit! – Bestell-Nr. 11 643
KOHL VERLAG

6 Artisten und Akrobaten machen sich vorher immer warm

- Rad fahren: Sitz mit leichter Rückenlage, die Unterarme stützen seitlich ab. Mit beiden Beinen „Fahrrad fahren“ vor- und rückwärts *(siehe Abb. 25)*.

Abb. 25

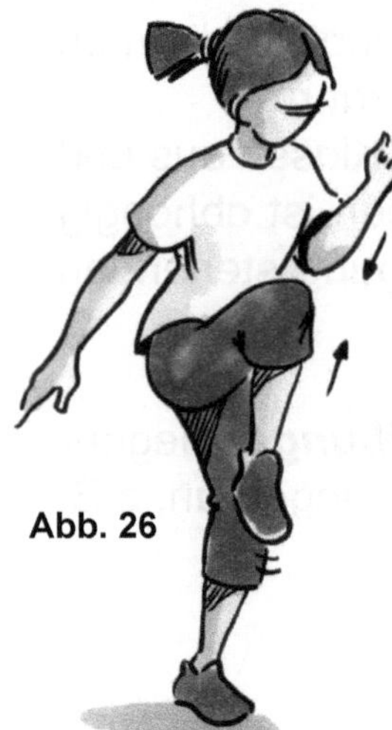

Abb. 26

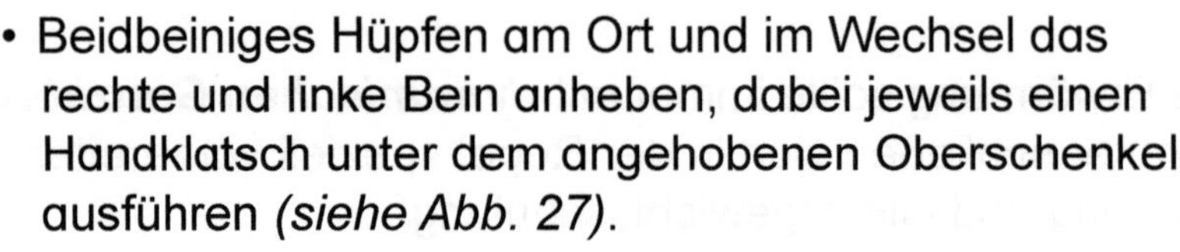

- Im Stand das rechte Knie und den linken Ellenbogen zusammenführen. Anschließend gegengleich mit dem linken Knie und dem rechten Ellenbogen ausführen usw. *(siehe Abb. 26)*.

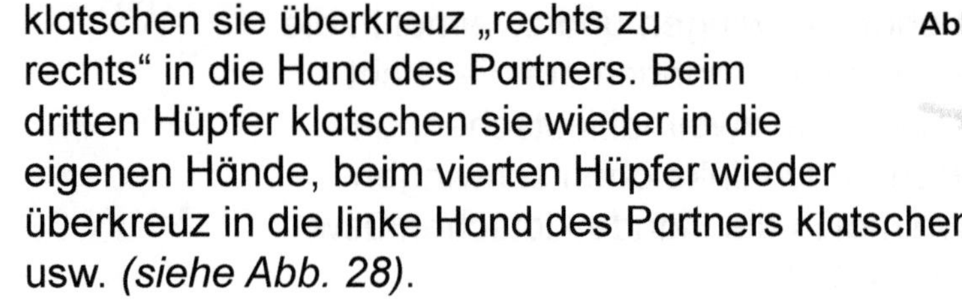

- Beidbeiniges Hüpfen am Ort und im Wechsel das rechte und linke Bein anheben, dabei jeweils einen Handklatsch unter dem angehobenen Oberschenkel ausführen *(siehe Abb. 27)*.

Abb. 27

- Klatschübung zu zweit: Zwei Schüler stehen sich gegenüber und führen kleine Schlusssprünge auf der Stelle aus. Beim ersten Hüpfer klatschen sie in die eigenen Hände, beim zweiten Hüpfer klatschen sie überkreuz „rechts zu rechts“ in die Hand des Partners. Beim dritten Hüpfer klatschen sie wieder in die eigenen Hände, beim vierten Hüpfer wieder überkreuz in die linke Hand des Partners klatschen usw. *(siehe Abb. 28)*.

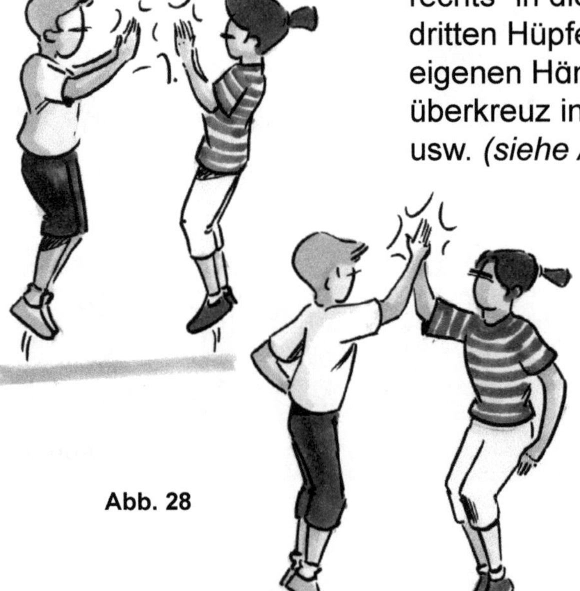

Abb. 28

- Zu zweit: die Schüler befinden sich im Liegestütz vorlings gegenüber. Jeder versucht, dem anderen eine Hand/einen Arm wegzuziehen (nicht wegschlagen), sodass sich dieser Schüler nicht mehr im Liegestütz halten kann und in die Bauchlage kommt oder die Knie aufsetzen muss *(siehe Abb. 29)*.

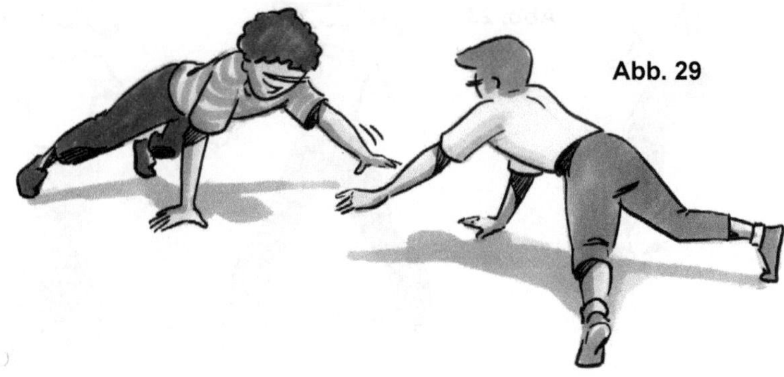

Abb. 29

Das Zirkusbuch
Alle machen mit! – Bestell-Nr. 11 643
KOHL VERLAG

7 Statische und dynamische Akrobatik

Statische Bodenakrobatik mit dem Partner, zu dritt und in der Gruppe

„Unter Akrobatik *(griechisch: auf Zehenspitzen gehen)* versteht man allgemein körperliche Bewegungen, die hohe koordinative und konditionelle Anforderungen an den Ausübenden stellen. Dazu gehören beispielsweise Überschläge, Salti und komplizierte Sprünge bzw. statische Figuren wie menschliche Pyramiden.“ *(www.wikipedia.de)*

Dabei unterscheidet man zwischen Boden- und Luftakrobatik. In diesem Buch geht es um die statische Bodenakrobatik mit dem Partner, zu Dritt und in der Gruppe. Außerdem werden dynamische Akrobatikelemente (akrobatisches Bodenturnen) dargestellt, wobei natürlich die Möglichkeiten der Schüler und ganz allgemein die „schulischen Bedingungen“ beachtet werden.

Regeln, Hinweise und Tipps

Lehrer müssen beachten ...

- Vor dem Beginn immer gemeinsam aufwärmen.
- Eventuell vorbereitende Übungen durchführen.
- Jedes Kunststück „schülergerecht“ erklären (evtl. Bild oder Skizze) und „Schritt für Schritt“ vorgehen.
- Helfen und sichern immer erklären und anwenden.
- Eventuell Gerätehilfen wie kleine Kästen bereitstellen.
- Partner und Kleingruppen unter Berücksichtigung der „Schülerfähigkeiten“ und der jeweiligen Figur zusammenstellen und organisieren.
- Schüler beraten und evtl. auch helfend eingreifen.
- Ergebnisse loben und evtl. auch vorführen lassen.

Schüler müssen beachten ...

- Absprache vor dem Beginn des Aufbaus treffen und einhalten – wer steht wo?
- Den Aufbau zügig und kontrolliert durchführen.
- Immer behutsam auf- und absteigen – nicht abspringen.
- Beim Auf- und Absteigen evtl. kleine Kästen als Unterstützung einsetzen.
- Aufbau immer „barfuß“ und mit „stabilen“ Unterleuten vornehmen.
- Nur auf Körperregionen aufsteigen, die eine „senkrechte Stütze“ aufweisen.
- Gegenseitiges Helfen und Sichern ist selbstverständlich.
- Uhren und Schmuck ablegen.
- Eventuelle Präsentation ca. 3 Sekunden.
- Jeder muss sich auf den anderen verlassen können.
- Jeder muss dem anderen vertrauen können.
- Jeder muss auch auf den anderen achten.
- Jeder Schüler ist wichtig – ein Teil des „Ganzen“.
- Über Erfahrungen sprechen: was war gut – wo hat es „wehgetan“ etc..

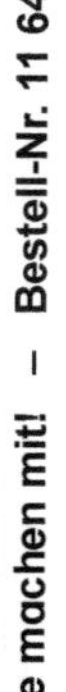

Statische und dynamische Akrobatik

Kleidung und Übungsstätte

- Immer enge und rutschfeste Kleidung tragen.
- „Barfuß" oder mit Gymnastikschuhen üben, eventuell auch fest ansitzende Socken tragen – feste Turnschuhe sind nicht erlaubt!
- Für eine breitflächige Absicherung der Übungsorte durch „ganz normale Turnmatten" sorgen.
- Auf ausreichende Abstände zwischen den einzelnen Gruppen achten.
- Hilfsgeräte wie kleine Kästen etc. schon bereitstellen.

Vorher aufwärmen, dann kann es endlich losgehen.

Um den Körper auf „Betriebstemperatur" zu bringen werden zunächst dynamische Ganzkörperübungen ausgeführt *(siehe Kapitel 6)*. Danach schließen sich einige Übungen mit Kontakt zum Partner und natürlich auch zur Schulung der Körperspannung an.

Körperspannung „aufbauen" und schulen

- Gemeinsame Kniebeuge: Zwei Schüler stehen sich gegenüber und umfassen mit beiden Händen die Handgelenke des Partners. Nun gemeinsam in die halbe Kniebeuge gehen (Ober- und Unterschenkel bilden einen rechten Winkel) – einen Moment in dieser Position bleiben, danach gemeinsam wieder in den Stand kommen. Mehrmals in rhythmischer Abfolge ausführen *(siehe Abb. 30)*.
  - Wie vor, aber Rücken an Rücken in die halbe Kniebeuge gehen.

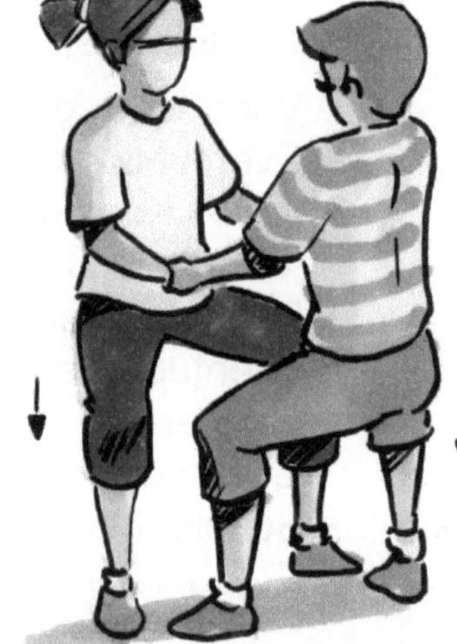

Abb. 30

- Zwei Schüler stehen sich mit Handfassung und Fußspitzenberührung gegenüber. Nun langsam mit angespanntem Körper nach hinten lehnen – „sich dabei ganz steif machen" – einen Moment so bleiben und dann wieder in die Ausgangsstellung zurückkommen *(siehe Abb. 31)*.

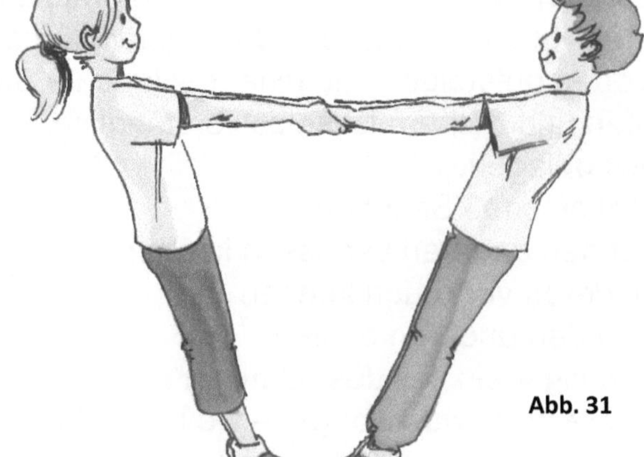

Abb. 31

Das Zirkusbuch
Alle machen mit! – Bestell-Nr. 11 643
KOHL VERLAG

7 Statische und dynamische Akrobatik

- Ein Schüler sitzt mit gestreckten Beinen auf dem Boden, die Hände stützen neben dem Körper ab. Sein Partner fasst nun die Fußgelenke des Schülers und hebt ihn gestreckt bis zur Waagerechten hoch. Der übende Schüler muss sich steif wie „ein Brett“ machen. Danach vorsichtig wieder auf den Boden ablegen und wechseln *(siehe Abb. 32)*.

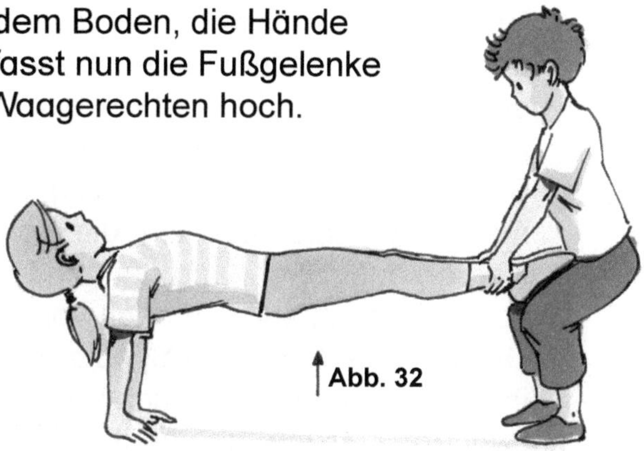

Abb. 32

- Zu dritt: Zwei Schüler stehen sich frontal gegenüber (etwa I bis 1,5 Meter Abstand). Beide halten ihre Arme fast gestreckt nach vorn. Ein Schüler steht dazwischen in der Mitte mit fest an den Körper gelegten Armen und baut Körperspannung auf. Nun lassen die beiden außen stehenden Schüler den in der Mitte stehenden Übenden hin- und herpendeln. Jeder Schüler muss einmal in die Mitte *(siehe Abb. 33)*.

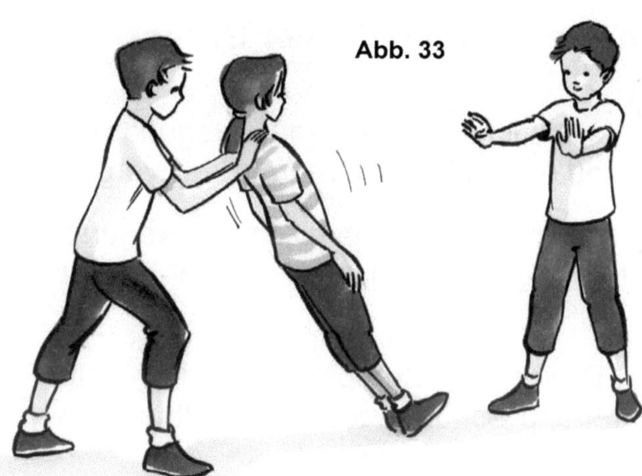
Abb. 33

- Zu dritt: Drei Schüler halten gemeinsam mit ihren Rücken einen Gymnastikreifen und gehen langsam im Kreis herum, ohne dass der Reifen auf den Boden fällt *(siehe Abb. 34)*.

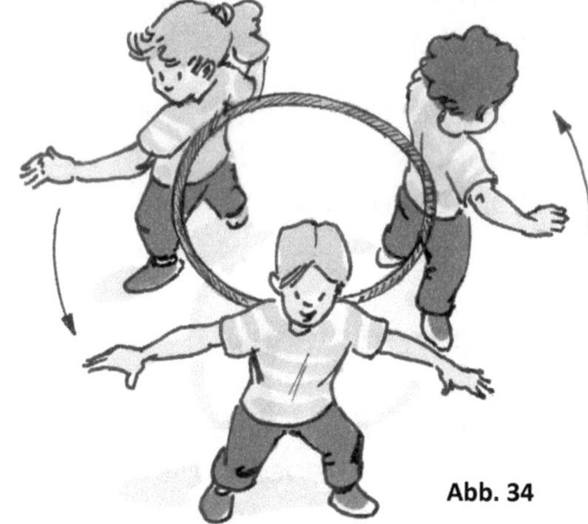
Abb. 34

- Ein Schüler liegt gestreckt mit angelegten Armen und voll angespannt auf dem Boden und wird vorsichtig „auf seine Füße gestellt“. An jeder Körperseite stehen zwei Schüler und heben den liegenden Schüler an Schultern und Rumpf langsam an – bis er steht.

- Vier bis sechs Schüler gehen vorsichtig nebeneinander in die Bankstellung. Schüler A legt sich mit dem Bauch, angelegten Armen und mit Spannung vorsichtig darauf. Er wird nun sachte hin- und hergeschaukelt. Jeder Schüler sollte einmal geschaukelt worden sein *(siehe Abb. 35)*.

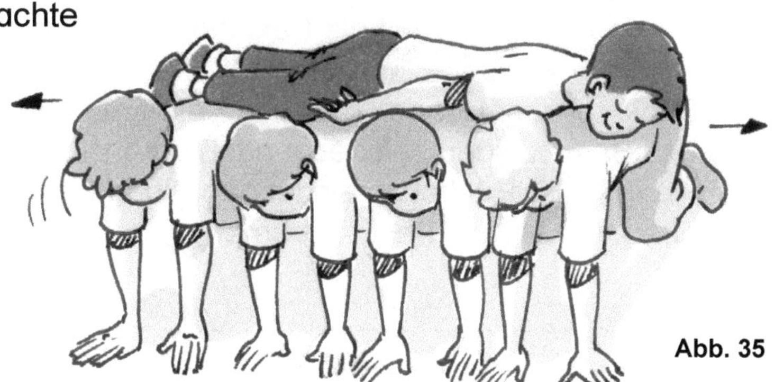
Abb. 35

Das Zirkusbuch
Alle machen mit! – Bestell-Nr. 11 643
KOHL VERLAG

Statische und dynamische Akrobatik

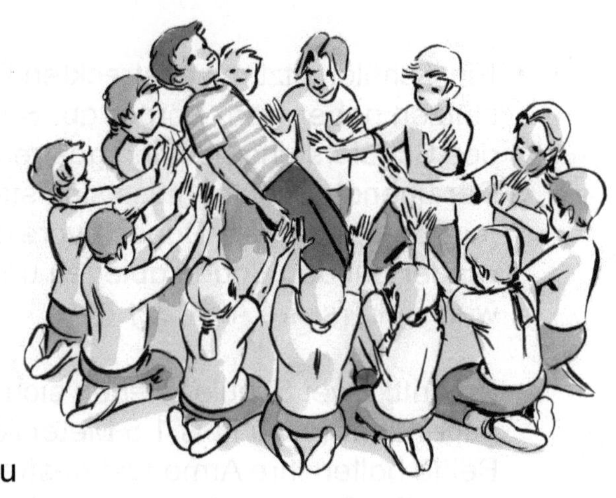

Abb. 36

- Etwa zehn bis fünfzehn Schüler sitzen mit angehockten Beinen eng nebeneinander und bilden einen Innenstirnkreis. In der Kreismitte ist nur so viel Platz, dass ein Schüler gerade noch stehen kann. Dieser macht sich ganz steif, legt die Arme an den Körper, baut Spannung auf und lässt sich dann nach hinten oder nach vorn fallen. Die im Kreis sitzenden Schüler strecken ihre Arme und Hände nach vorne und fangen den „Toten Mann“ ab, um ihn dann von sich zu stoßen und ihn dadurch im Kreis herumwandern zu lassen *(siehe Abb. 36)*.

Statische Bodenakrobatik mit dem Partner, zu dritt und in der Gruppe

Unter statischer Bodenakrobatik versteht man Akrobatikformen, deren Bewegungsziel sich in einer starren Position realisiert. Der Auf- und Abbau ist ein dynamischer Vorgang.[6]

Damit alle Schüler mitmachen können, werden hier einfache akrobatische Bewegungsformen für Anfänger, aber auch einige Figuren für fortgeschrittene „Akrobaten“ beschrieben und angeboten.

Zur besseren Übersicht wird zwischen „Zweier-, Dreier- und Gruppenpyramiden“ unterschieden. So kann der Lehrer je nach Zielsetzung und Schüler/Klasse sein Übungsangebot schnell finden und auswählen.

„Zweierpyramiden“

Die Bankstellung bildet ein sicheres Fundament für viele Übungen und sollte deshalb noch einmal wiederholt, eventuell auch eingeführt und danach bei vielen „Zweierpyramiden“ angewandt werden.

Unterer und oberer Schüler

Bei der Auswahl der Schüler immer daran denken, dass der untere Schüler die Basis bildet und den Boden berührt (kräftigere und schwerere Schüler). Der obere Schüler sollte leichter sein, damit die Belastung nicht zu stark wird.

1. Bankstellung: Hände ca. schulterbreit aufsetzen, hüftbreite Kniestellung, Arme und Beine zeigen senkrecht nach unten und bilden einen rechten Winkel zum Rumpf. Der Rücken ist angespannt und gerade (nicht durchhängen), Kopfhaltung normal (nicht ins Genick nehmen).

[6] Gaal, J,: Bewegungskünste, Zirkuskünste, S. 121

7 Statische und dynamische Akrobatik

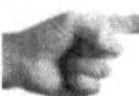

Tipp: *Da der kleine Kasten gerade am Anfang das Aufsteigen erleichtert und schnell Erfolgserlebnisse ermöglicht, werden die ersten Pyramiden mit Einsatz des kleinen Kastens ausgeführt. Später kann auf den Einsatz dieser Hilfe verzichtet werden.*

2. Bankstellung von Schüler A vor dem kleinen Kasten (Füße zeigen zum Kasten): Schüler kniet auf dem längs stehenden kleinen Kasten und setzt seine Hände auf das Becken von Schüler A.

3. Bankstellung von Schüler A, der kleine Kasten steht parallel daneben: Schüler B steht auf dem kleinen Kasten und setzt nun zunächst den rechten Fuß auf die Schultern und danach den linken Fuß auf das Becken von Schüler A. Eventuell die Arme zur Seite strecken *(siehe Abb. 37)*.

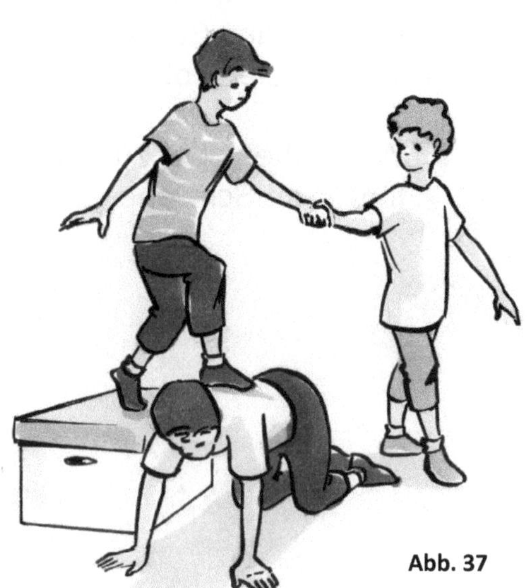

Abb. 37

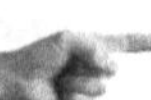

Hinweis: *Nie auf die Wirbelsäule treten! Immer vorsichtig auf- und absteigen und evtl. die Hände zum Abstützen als Hilfe nehmen – nicht abspringen. Eventuell kann ein weiterer Schüler mit Handfassung unterstützen.*

4. Bankstellung von Schüler A: Schüler B steht zwischen den Beinen von Schüler A und stützt sich mit den Händen ab. Nun steigt er von hinten zunächst mit dem linken Fuß auf das Becken und gleich danach mit dem rechten Fuß. Langsam die Hände lösen und sich in den Stand aufrichten *(siehe Abb. 38)*.

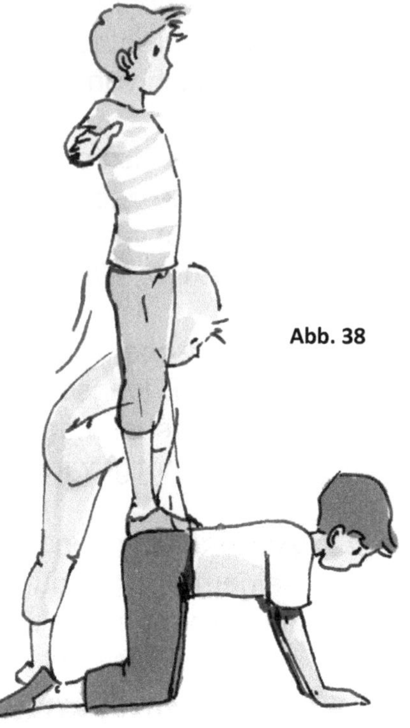

Abb. 38

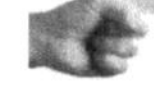

Hinweis: *Vorsichtig wieder absteigen, eventuell steht ein Helfer bereit und hilft mit Handkontakt.*

KOHL VERLAG Das Zirkusbuch Alle machen mit! – Bestell-Nr. 11 643

5. Bankstellung von Schüler A: Schüler B steht daneben und stützt sich nun von dort mit den Händen auf den Schultern und kniet mit beiden Knien auf dem Becken von Schüler A.

6. Wie vor, aber Schüler A kniet nur mit einem Knie auf dem Becken von Schüler B und führt das andere Bein in die Streckung (Kniewaage).

7. Bankstellung von Schüler A: Schüler B setzt nun seine Hände auf das Becken und kniet auf den Schultern von Schüler A.

8. Bankstellung von Schüler A: Schüler B setzt sich auf das Becken und hebt seine Beine in den Schwebesitz, dabei stützt er sich mit den Händen auf den Schultern von Schüler A ab.

9. Wie vorher, aber zu Paaren gegenüber. Die auf den Becken sitzenden Schüler führen im Schwebesitz ihre Zehenspitzen zusammen *(siehe Abb. 39)*.

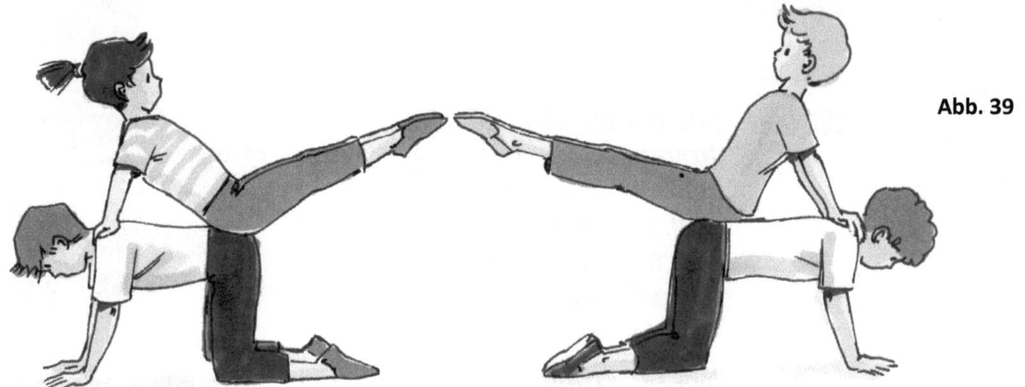

Abb. 39

10. Wie vor, aber Einbeinstand rechts auf dem Becken und den linken Fuß an die Wade führen. Eventuell auch das Bein fast zur Waagerechten anheben und die Arme nach vorn strecken.

11. Schüler A sitzt auf dem kleinen Kasten: Schüler B fasst nun die Hände des sitzenden Schülers und steigt vorsichtig auf die Knie zum Stand mit fast gestreckten Armen *(siehe Abb. 40)*.

12. Wie vor, aber Schüler A verlagert nun in Absprache mit Schüler B langsam sein Gewicht nach vorn, sodass er alleine stehen kann und der kleine Kasten nicht mehr benötigt wird.

13. Bankstellung von Schüler A: Schüler B legt sich mit seinem Rücken auf den Rücken von Schüler A, fasst mit seinen Armen unter die Achseln von Schüler A und hebt die Beine zur Kerze an.

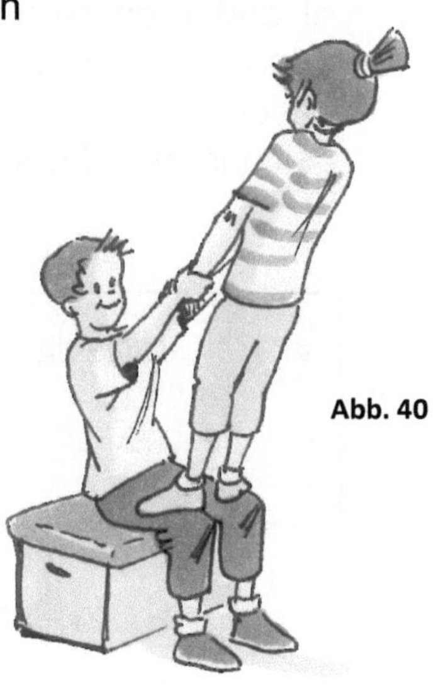

Abb. 40

KOHL VERLAG Lernen mit Erfolg – Das Zirkusbuch – Alle machen mit! – Bestell-Nr. 11 643

7 Statische und dynamische Akrobatik

Weitere „Zweierpyramiden“

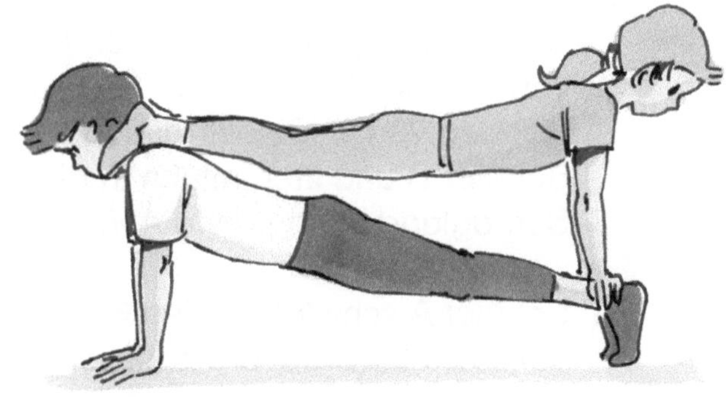

Abb. 41

1. Schüler A geht in den Liegestütz vorlings: Schüler B geht auch in den Liegestütz vorlings, legt seine Füße rechts und links auf die Schultern von Schüler A und stützt sich danach auf den Fußgelenken von Schüler A ab *(siehe Abb. 41)*.

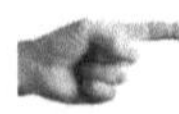 Hinweis: *Rücken gerade und Kopfhaltung normal.*

2. Schüler A geht in den Liegestütz rücklings: Schüler B geht auch in den Liegestütz rücklings, legt seine Füße rechts und links auf die Schultern von Schüler A und stützt sich danach auf den Fußgelenken von Schüler A ab.
3. Wie vor, aber nun geht Schüler B in den Liegestütz vorlings.
4. Umgedrehte Bankstellung von Schüler A: Schüler B geht davor in den Liegestütz vorlings und legt seine Füße rechts und links auf die Schultern von Schüler A.
5. Umgedrehte Bankstellung von Schüler A: Schüler B geht davor in den Liegestütz vorlings und legt seine Füße auf die Knie von Schüler A.
6. Umgedrehte Bankstellung von Schüler A: Schüler B steigt mit Hilfe auf die Knie von Schüler A und richtet sich langsam in den Stand auf *(siehe Abb. 42)*.

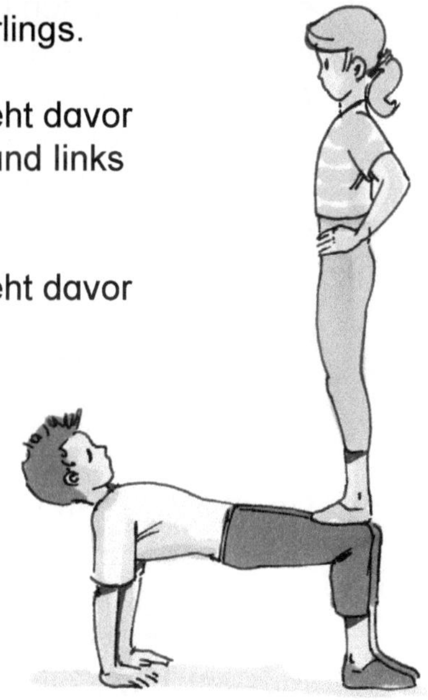

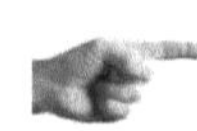 Hinweis: *Aufstieg vom kleinen Kasten oder mit Handfassung durch Mitschüler.*

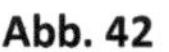

Abb. 42

7. Schüler A ist in der Rückenlage: Schüler B geht in den Liegestütz vorlings und stützt sich auf den Fußgelenken von Schüler B ab, seine Füße sind neben den Händen von A. Dieser fasst die Fußgelenke von Schüler B und stemmt ihn in die Waagerechte hoch.

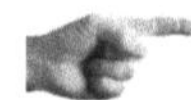 Hinweis: *Vorsichtig die Füße wieder ablegen.*

KOHL VERLAG Lernen mit Erfolg
Das Zirkusbuch
Alle machen mit! – Bestell-Nr. 11 643

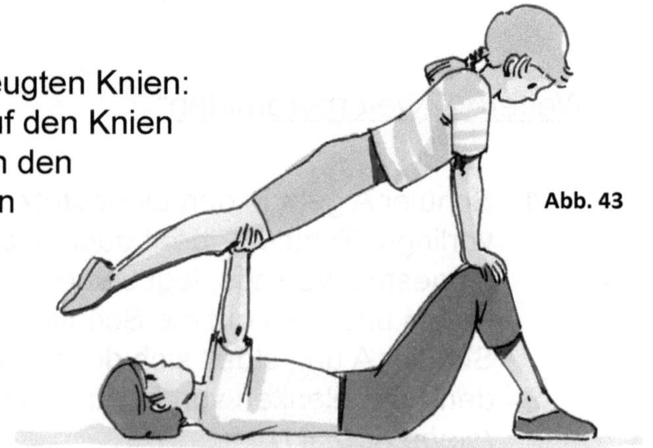
Abb. 43

8. Schüler B ist in der Rückenlage mit gebeugten Knien: Schüler stützt sich mit seinen Händen auf den Knien von Schüler A ab, seine Füße sind neben den Händen von A. Dieser fasst die Beine von Schüler B und stemmt ihn in die Schräglage hoch *(siehe Abb. 43)*.

9. Schüler A schwingt in den Handstand auf. Schüler B davor und fixiert den Handstand an den Unterschenkeln.

<u>Für besonders mutige Schüler ...</u>

10. Schüler A und B stehen sich gegenüber oder hintereinander. Der untere Schüler A steht in leichter Grätschstellung mit Fußspitzen nach außen: Schüler B setzt nun einen Fuß auf den Oberschenkel von Schüler A. Auf ein Zeichen setzt er dann auch den zweiten Fuß auf den anderen Oberschenkel und richtet seinen Körper auf. Beide Schüler verlagern ihr Gewicht dabei nach hinten *(siehe Abb. 44)*.

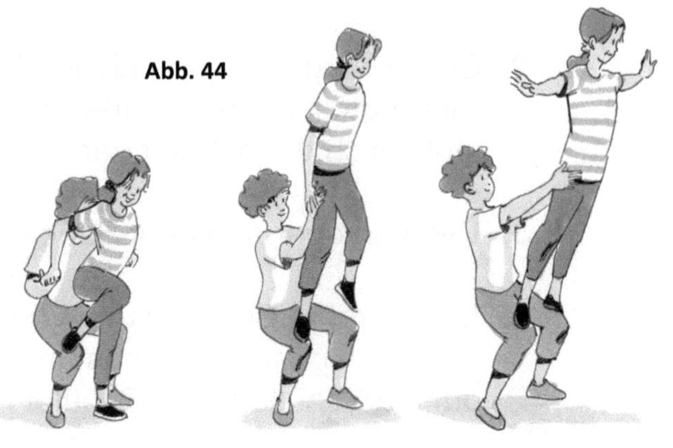
Abb. 44

<u>Hinweis</u>: *Die Figur durch Unterstützen mit Handfassung beim Aufsteigen und Absicherung an den Hüften sichern.*

11. Rückenlage von Schüler A mit leicht zum Körper gezogenen Knien und nach außen gedrehten Füßen: Schüler B legt sich mit der Hüfte auf die Füße und fasst gleichzeitig die Hände von Schüler A. Nun langsam den Körper durch leichten Armzug und Streckung der Knie von Schüler A nach vorn verlagern. Schüler B muss sich wie ein Brett steif machen *(siehe Abb. 45)*.

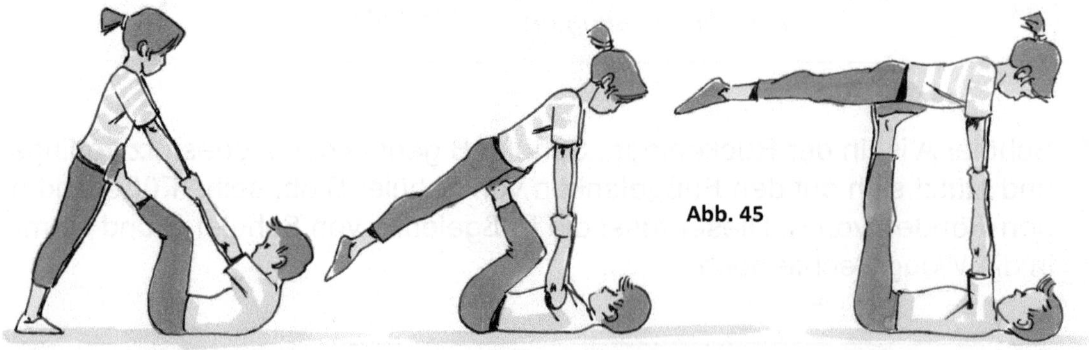
Abb. 45

<u>Hinweis</u>: *Die Hände nur lösen, wenn absolute Sicherheit gewährleistet ist, sonst beibehalten! Eventuell hilft ein weiterer Schüler dabei, dass Schüler B das Gleichgewicht halten kann.*

Das Zirkusbuch
Alle machen mit! – Bestell-Nr. 11 643
KOHL VERLAG

Auf den Schultern zu stehen, ist schon eine recht anspruchsvolle Aufgabe! Deshalb muss diese Figur auch immer durch den Lehrer selbst oder durch mehrere Schüler abgesichert werden.

12. Stand von Schüler A mit gegrätschten Beinen und gebeugten Knien: Schüler B steht dahinter und fasst die Hände von Schüler A und setzt dann den rechten Fuß auf dessen rechten Oberschenkel, dabei stützt er sich mit seiner rechten Hand auf der rechten Hand des Untermannes ab. Danach setzt er den linken Fuß auf die linke Schulter von Schüler A und gleich danach den rechten Fuß auf die rechte Schulter zum Stand. Langsam zum Stand aufrichten. Schüler A sichert mit seinen Händen an der Wadenhinterseite *(siehe Abb. 46)*.

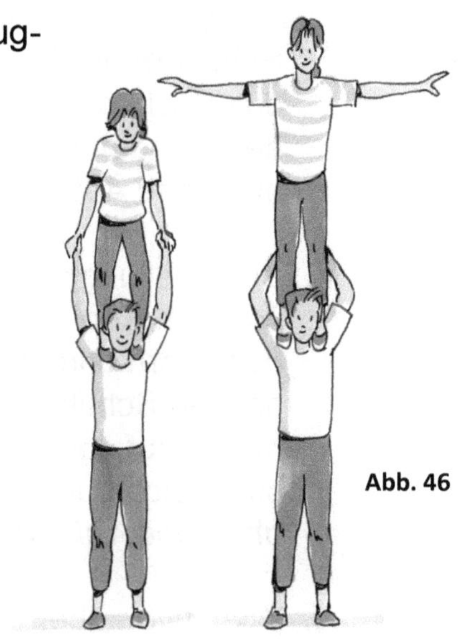
Abb. 46

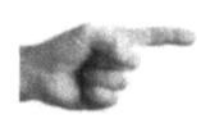
Hinweis: *Die Hände nur lösen, wenn absolute Sicherheit gewährleistet ist. Die Figur wegen der hohen Belastung nur ca. 3 Sekunden halten!*

Dreierpyramiden

Auch bei den Pyramiden zu „Dritt" ist die Bankstellung von großer Bedeutung. Bei den ersten Beispielen steht sie deshalb zunächst wieder im Mittelpunkt.

1. Bankstellung von Schüler A und Schüler B eng nebeneinander: Schüler C stützt sich mit seinen Händen auf den Schultern der beiden Untermänner ab und setzt zunächst einen Fuß auf das Becken von Schüler A und danach sofort den zweiten Fuß auf das Becken von Schüler B. Langsam in den Stand aufrichten und eventuell die Arme zur Seite strecken *(siehe Abb. 47)*.

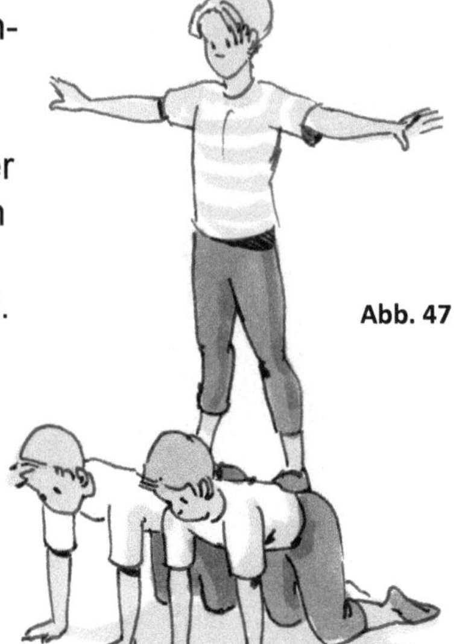
Abb. 47

Hinweis: *Eventuell mit Hilfe eines kleinen Kastens oder mit Handfassung von Mitschülern aufsteigen. Genauso vorsichtig wieder absteigen – nicht abspringen!*

Das Zirkusbuch
Alle machen mit! – Bestell-Nr. 11 643
KOHL VERLAG

2. Wie vor, aber auf die Schultern der beiden Untermänner steigen.

3. Bankstellung von Schüler A: Schüler B geht in den leichten Grätschstand über Schüler A und stützt sich mit den Händen auf dessen Schultern ab. Schüler C steigt von hinten auf das Becken von Schüler A und stützt sich mit den Händen auf den Schultern von Schüler B ab *(siehe Abb. 48)*.

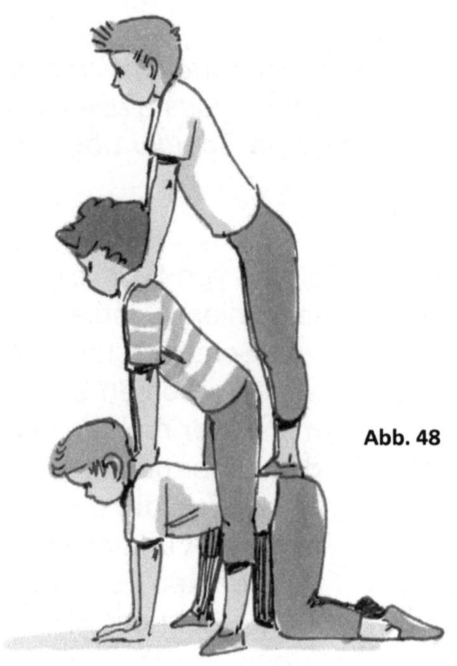

Abb. 48

4. Bankstellung von Schüler A: Schüler B steht vor dem Kopf von Schüler A, beugt sich etwas nach vorn und stützt sich mit den Händen auf dessen Schultern ab. Schüler C steigt von hinten auf das Becken von Schüler A und stützt sich auf den Schultern von Schüler B ab *(siehe Abb. 49)*.

5. Wie zuvor, aber Schüler B steigt auf die Schultern von Schüler A.

6. Einbeiniger Kniestand von Schüler A und B zueinander: Schüler C steigt mit Handunterstützung der Untermänner erst mit seinem rechten Fuß etwas oberhalb des Knies des rechten Untermannes und dann gleich danach mit seinem linken Fuß auf das andere Bein des links von ihm knienden Schülers *(siehe Abb. 50)*.

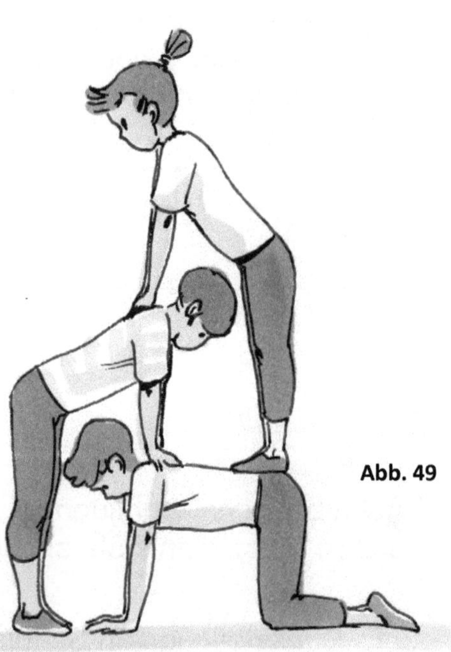

Abb. 49

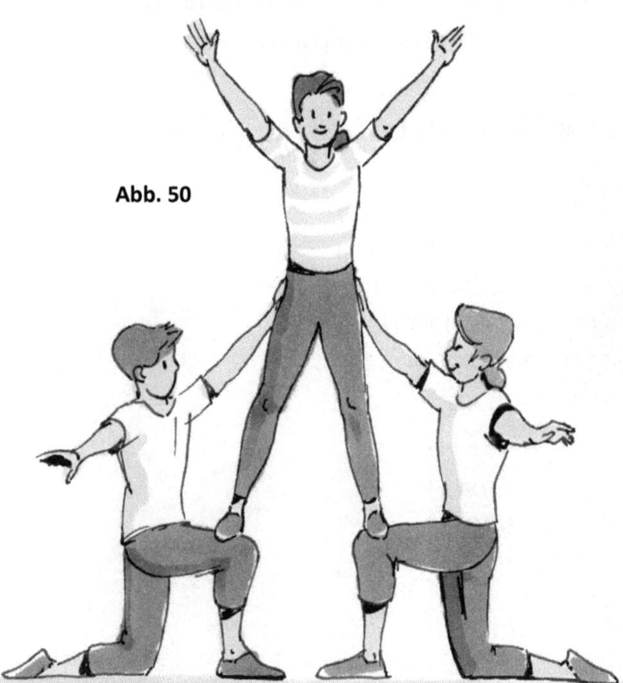

Abb. 50

Hinweis: *Die knienden Schüler unterstützen das Aufrichten durch Handsicherung an den Körperseiten von Schüler C.*

Das Zirkusbuch Alle machen mit! – Bestell-Nr. 11 643
KOHL VERLAG

7. Bankstellung von Schüler A: Schüler B geht in den hohen Liegestütz auf der Schulter von Schüler A, seine Füße sind fast geschlossen. Schüler C steht hinter den Füßen von Schüler A und nimmt die Fußgelenke von B und stemmt ihn hoch.

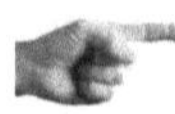

Hinweis: *Eventuell kann Schüler B die Füße von C auch auf seine Schultern ablegen.*

8. Bankstellung von Schüler A: Schüler B geht in die Bankstellung auf dem Rücken von A. Schüler C steht auf dem kleinen Kasten daneben und wird von einem weiteren Schüler unterstützt, damit er die dritte Bankstellung auf dem Rücken von Schüler B bilden kann.

9. Schüler A legt sich mit angewinkelten Knien auf den Rücken und setzt dabei die Füße ca. hüftbreit auf: Schüler B setzt sich auf die Knie von Schüler A, wobei seine Füße leicht gegrätscht sind, sodass sich Schüler C dazwischenstellen kann.
Dieser fasst nun die Hände von Schüler B und steigt vorsichtig auf dessen Knie zum Stand mit fast gestreckten Armen *(siehe Abb. 51)*.

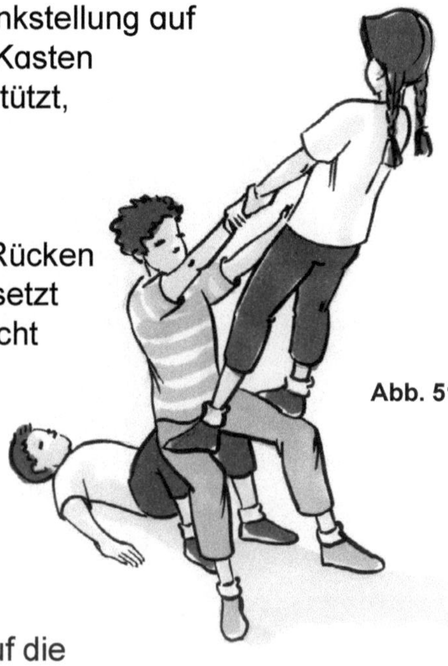

Abb. 51

10. Bankstellung mit dem Kopf zueinander von Schüler A und B: Schüler C steigt vorsichtig mit je einem Fuß auf die Schultern der beiden Untermänner und streckt seine Arme zur Seite.

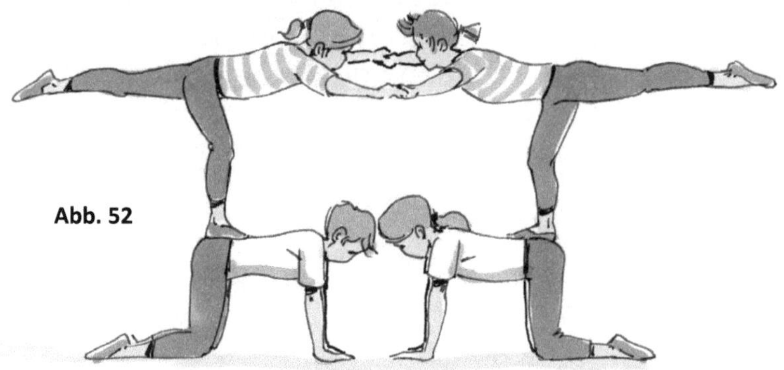

Abb. 52

11. Bankstellung von Schüler A und B mit dem Kopf zueinander: Von hinten steigen die Schüler C und D auf das Becken der Untermänner, beugen sich etwas nach vorn und fassen sich an den Händen. Auch im Einbeinstand ausführen *(siehe Abb. 52)*.

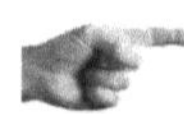

Hinweis: *Immer erst den sicheren Stand erreichen, erst dann die Handfassung ausführen.*

Das Zirkusbuch
Alle machen mit! – Bestell-Nr. 11 643
KOHL VERLAG

12. Bankstellung von Schüler A und B, die Beine liegen nebeneinander, damit der Abstand nicht zu groß wird: Schüler C steigt mit je einen Fuß auf die Becken der Untermänner und streckt dann seine Arme schräg nach oben *(siehe Abb. 53)*.

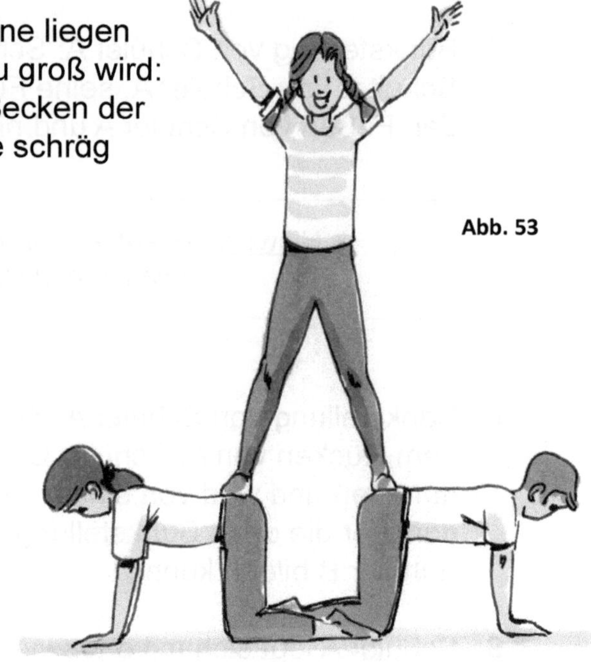
Abb. 53

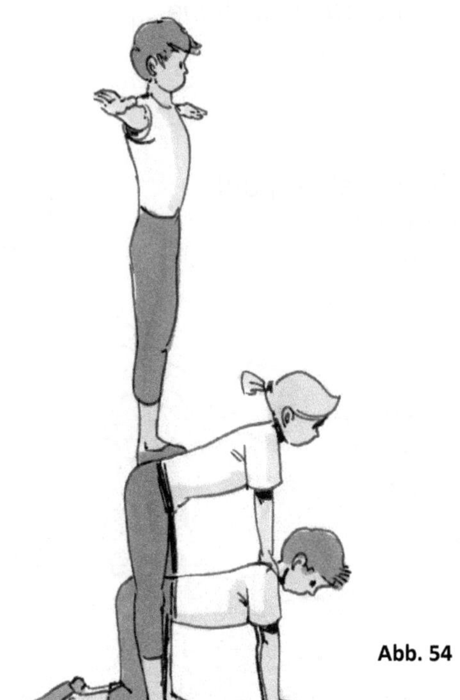
Abb. 54

13. Bankstellung von Schüler A: Schüler B stellt sich mit leicht gegrätschten Beinen über Schüler A und stützt sich mit seinen Armen auf dessen Schultern ab. Schüler B steigt nun mit Kasten- und Partnerhilfe auf das Becken von Schüler C *(siehe Abb. 54)*.

Gruppenpyramiden

Bei den Gruppenpyramiden sind mehr als drei Schüler beteiligt. Wichtig hierbei ist, dass der Auf- und Abbau nicht zu lange dauert, da sonst die Belastung für die unteren Schüler zu hoch wird. Die hier genannten Beispiele können natürlich je nach Leistungsniveau variiert und ergänzt werden.

1. Bankstellung von Schüler A und Schüler B eng nebeneinander: Schüler C steigt mit je einem Fuß auf die Becken der Untermänner. An jeder Seite stellt sich ein weiterer Schüler auf und fasst den Arm von Schüler C. Danach lehnen sie sich mit fast gestreckten Armen vorsichtig nach außen *(siehe Abb. 55)*.

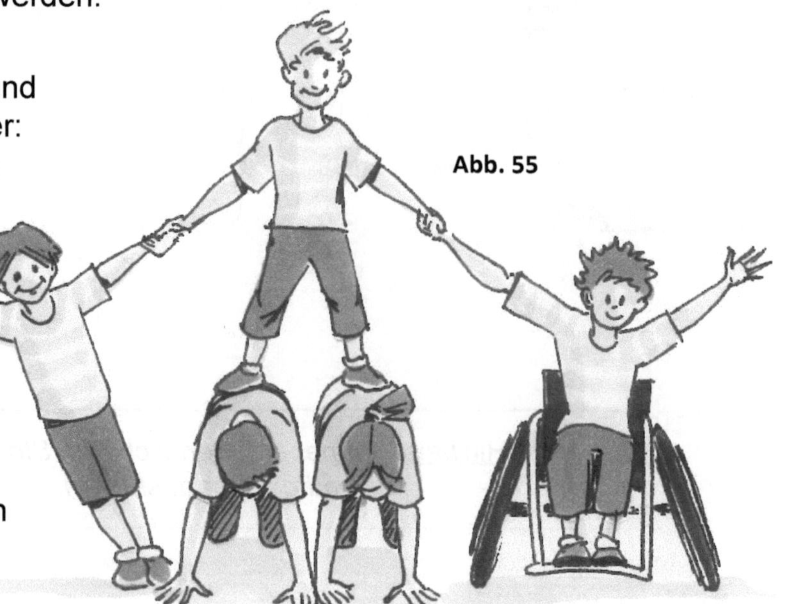
Abb. 55

Das Zirkusbuch
Alle machen mit! – Bestell-Nr. 11 643
KOHL VERLAG

2. Bankstellung von Schüler A und Schüler B eng nebeneinander: Schüler C und D setzen sich jeweils auf die Becken von Schüler A und B. Nun steigen mit Handfassung Schüler E und F auf die Knie der sitzenden Schüler und lehnen sich leicht nach hinten *(siehe Abb. 56)*.

3. Bankstellung von Schüler A, B und C eng nebeneinander: Danach knien sich Schüler D und E in Bankstellung auf den Rücken der Untermänner. Mit Hilfe des Kastens und eines weiteren Schülers steigt Schüler F mit je einem Fuß auf die Becken oder Schultern der Schüler D und E und streckt die Arme zur Seite aus *(siehe Abb. 57)*.

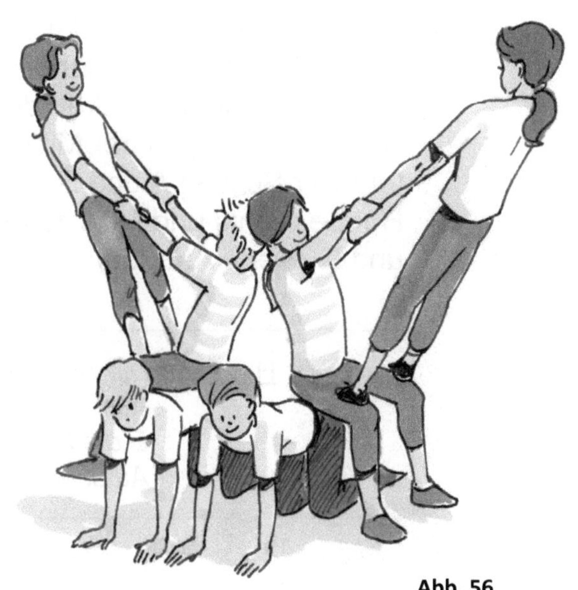

Abb. 56

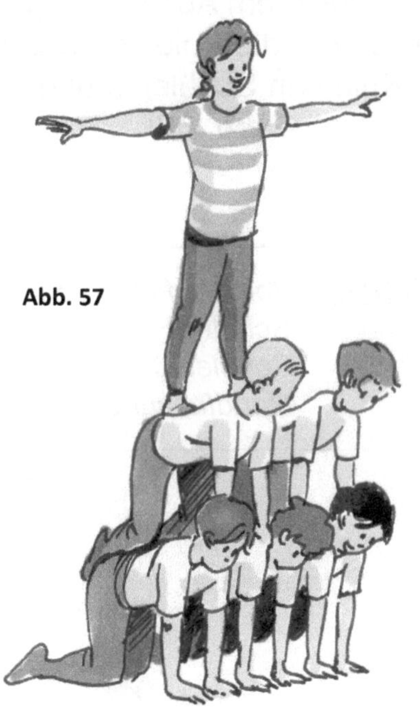

Abb. 57

> <u>Hinweis</u>: *Die Schüler D und E knien sich mit je einem Knie auf den Mittelmann und einem Knie auf den Außenmann.*

4. Bankstellung von Schüler A und Schüler B nebeneinander: Schüler C und D stehen an den Seiten und stützen sich jeweils mit ihren Händen am Rumpf von A und B ab (hoher Liegestütz). Schüler E und F fassen jeweils die Fußgelenke von C und D und stemmen sie in die Schräglage hoch.

5. Bankstellung von Schüler A und Schüler B mit Abstand und Blickrichtung zueinander: Schüler C und D stellen sich dazwischen und stützen sich leicht nach vorn gebeugt mit ihren Händen auf den Schultern von A und B ab. Schüler E steigt nun mit Hilfe auf die Becken von Schüler C und D auf und streckt die Arme zur Seite *(siehe Abb. 58)*.

Abb. 58

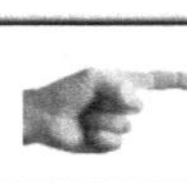

> <u>Hinweis</u>: *Schüler E kann sich eventuell auch erst hinknien.*

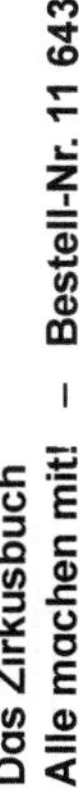

6. Bankstellung von Schüler A und Schüler B mit Blickrichtung zueinander: Schüler C und D steigen auf die Becken der Untermänner. Schüler E steigt in der Mitte auf die Schultern der Schüler A und B und reicht seine Hände rechts und links zu den Schülern C und D *(siehe Abb. 59)*.

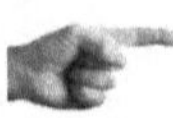

Hinweis: *Die Schüler C und D reichen dem Schüler E die Hände beim Aufstieg.*

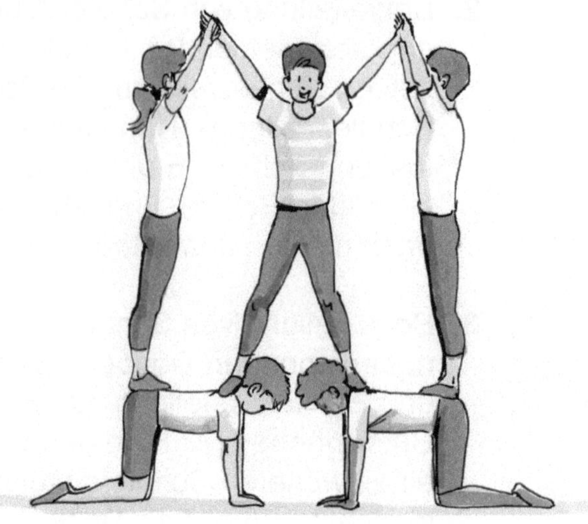

Abb. 59

7. Schüler A und B sitzen sich mit angewinkelten Knien mit leichtem Abstand gegenüber: Schüler C und D setzen sich mit eng anliegenden Beinen auf die Knie von Schüler A und B. Schüler E steigt nun rechts und links auf die Knie von Schüler C und D. Alle Schüler strecken zum Schluss ihre Arme zur Seite *(siehe Abb. 60)*.

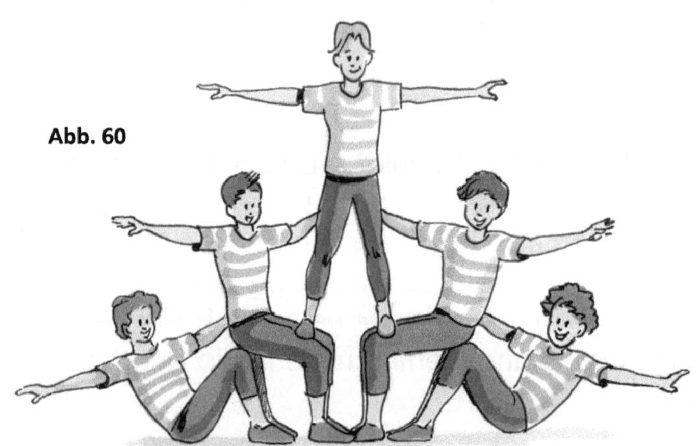

Abb. 60

Hinweis: *Beim Aufstieg von Schüler E helfen die Schüler C und D mit Handfassung.*

8. Schüler A legt sich mit angewinkelten Knien auf den Rücken und setzt dabei die Füße ca. hüftbreit auf: Schüler B setzt sich auf die Knie von Schüler A, wobei die Füße leicht gegrätscht sind. Schüler C steigt mit Handfassung vorsichtig rückwärts auf die Knie und steht aufrecht. Schüler D führt davor einen Kopfstand aus, sodass der aufrecht stehende Schüler C die Fußgelenke fassen kann *(siehe Abb. 61)*.

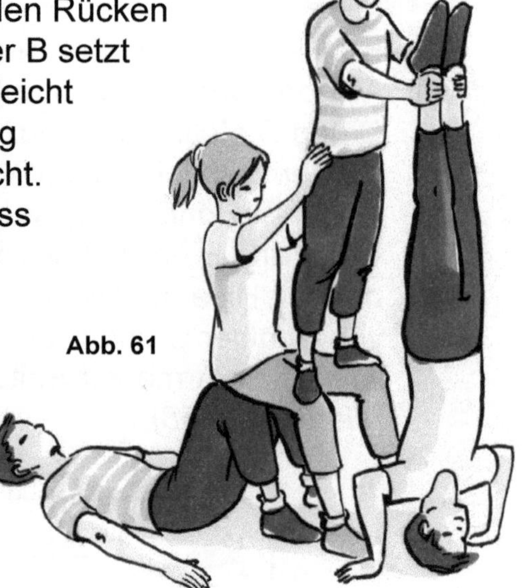

Abb. 61

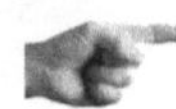

Hinweis: *Evtl. mit Hilfe eines weiteren Schülers aufsteigen. Schüler D sollte den Kopfstand sicher beherrschen.*

9. Bankstellung von Schüler A und B nebeneinander, Schüler C und D gehen in die Bankstellung, sodass ihre Füße leicht unter den Rumpf von A und B kommen (Abstände beachten). Schüler E und F gehen jeweils in den Kniestand auf den Becken von C und D und stützen sich mit ihren Händen auf den Schultern von A und B ab. Nun steigt Schüler G mit Stütz seiner Hände auf die Schultern von E und F und kommt langsam in den gegrätschten Stand *(siehe Abb. 62)*.

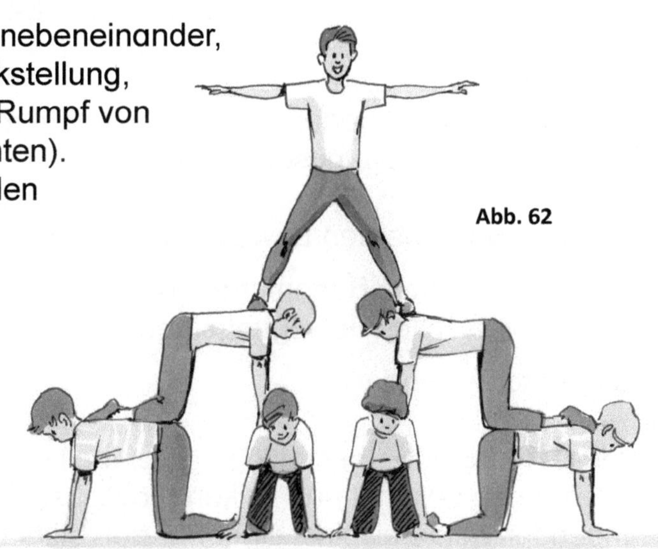
Abb. 62

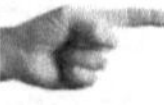
Hinweis: *Das Aufsteigen erfolgt über die Schüler A und B und dann über E und F. Ein kleiner Kasten und weitere Schüler mit Handfassung bieten Unterstützung. Die Hände nur lösen, wenn absolute Sicherheit gewährleistet ist, sonst beibehalten! Die Figur wegen der hohen Belastung nur ca. 3 Sekunden halten!*

10. Bankstellung von Schüler A und B nebeneinander, Schüler C steigt auf die Schultern der beiden Untermänner und streckt seine Arme zur Seite aus. Zunächst turnt der Schüler D von der rechten Seite den Handstand, dann gleich danach der Schüler E von der linken Seite *(siehe Abb. 63)*

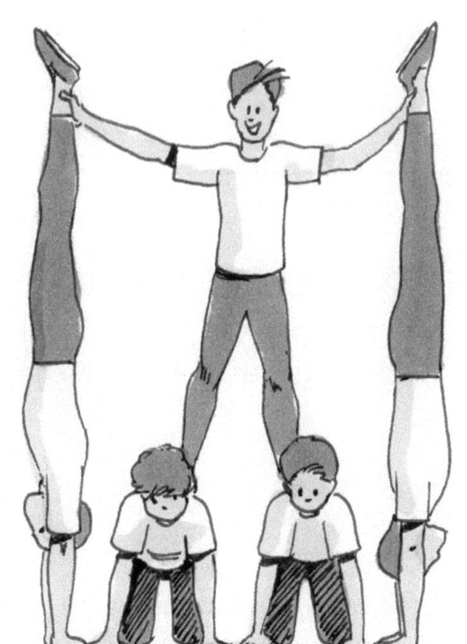
Abb. 63

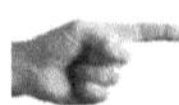
Hinweis: *Schüler C nimmt mit der ausgestreckten Hand den jeweiligen Handstand an und sichert. Die Schüler D und E müssen den Handstand beherrschen.*

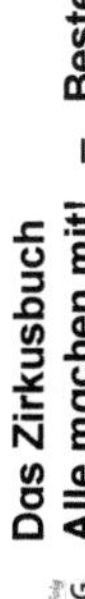

Dynamische Bodenakrobatik

Unter dynamischer Bodenakrobatik versteht man Akrobatikformen, deren Bewegungsziel sich in einem Bewegungsablauf realisiert.[7]

In diesem Buch werden Bewegungsabläufe genannt, die den Bereichen ...

- ... Akrobatisches Bodenturnen und
- ... Akrobatisches Bewegungstheater – „Clownerien“ ...

... zugeordnet werden.

Rollen, Räder und Überschläge (eventuell mit Hilfe) sind den meisten Schülern aus dem Bodenturnen bekannt und sollten möglichst beherrscht werden, weil sie die Voraussetzungen für viele Beispiele sind. Für den alltäglichen Schulbetrieb kommen insbesondere Rollen und Räder zur Anwendung, die verändert und variiert werden.

Elemente aus dem Bodenturnen werden hier zu zweit, zu dritt und auch in der Gruppe akrobatisch variiert. Beispiele aus der dynamischen Bodenakrobatik sind besonders gut geeignet, die Übergänge zwischen den einzelnen Programmpunkten zu überbrücken. Außerdem werden auch leicht erlernbare Beispiele aus dem Bereich der akrobatischen Clownerien genannt, die dem akrobatischen Bewegungstheater zuzuordnen sind.

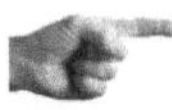

Hinweis: *Alle Bewegungsabläufe werden in Kleingruppen „Schritt für Schritt“ erlernt und geübt. Der Lehrer geht von Gruppe zu Gruppe, hilft und gibt Hinweise. Immer für eine weiche Unterlage sorgen, z.B. Matten oder Mattenbahnen.*

Akrobatisches Bodenturnen

1. Zwei Kinder stehen sich gegenüber und rollen vorwärts aneinander vorbei.

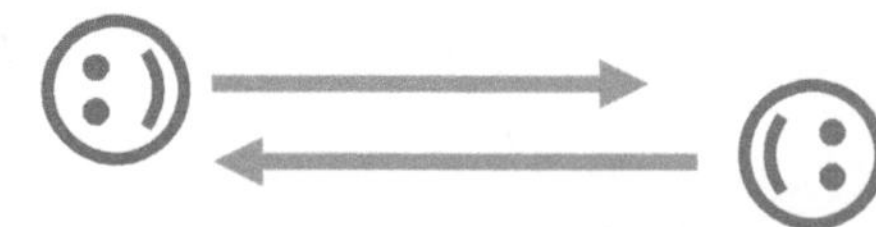

2. Zwei Kinder stehen sich gegenüber und rollen vorwärts aufeinander zu (entsprechenden Abstand beachten), führen einen Strecksprung mit halber Drehung aus und rollen zurück.

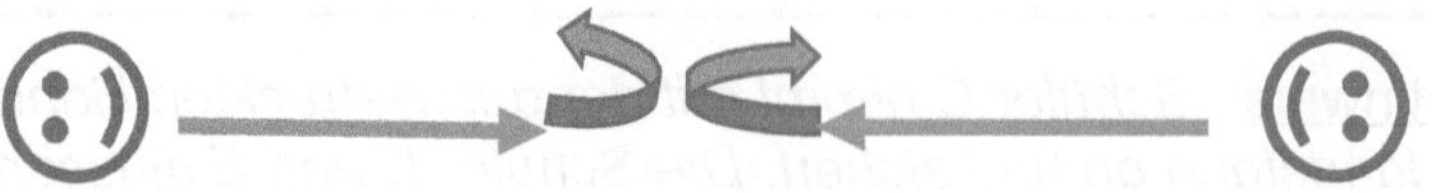

[7] Gaal, J.: Bewegungskünste, Zirkuskünste S. 138

KOHL VERLAG Das Zirkusbuch Alle machen mit – Bestell-Nr. 11 643

3. Sechs bis acht Schüler stehen sich auf Lücke gegenüber und rollen vorwärts auf ein gemeinsames Kommando aneinander vorbei. Anschließend einen Strecksprung mit einer halben Drehung ausführen und in gleicher Weise zurückrollen.

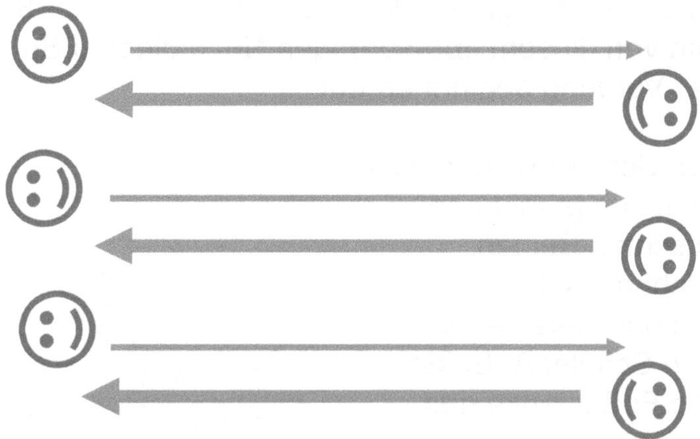

4. **„Zusammenstoß“:** Zwei gleichgroße Schüler A und B (Clowns) gehen oder laufen aufeinander zu, springen kurz vor dem Zusammenstoß mit beiden Beinen nach oben ab (Strecksprung), kommen dabei in eine leichte Überstreckung (Arme zur Seite, Kopf leicht nach hinten), sodass sie mit den Oberkörpern gegeneinanderprallen. Nach dem Abpraller landen sie wieder auf beiden Füßen und turnen eine Rolle rückwärts *(siehe Abb. 64)*.

Abb. 64

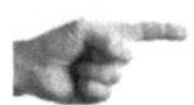 Hinweis: *Erst im Stand ohne Ablauf üben und immer den Partner „im Auge“ behalten.*

5. **Platzwechsel zu zweit im Liegen:** Schüler B liegt mit etwas Abstand neben Schüler A. B führt nun eine Drehung um die Längsachse aus (wälzen) und kommt so näher an Schüler A heran. Schüler A springt seitwärts über Schüler B, indem er sich mit Händen und Füßen abstößt und landet an der Stelle, an der Schüler B vorher gelegen hat.

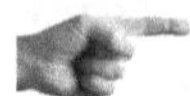 Hinweis: *Aufpassen, damit es nicht zu einem Zusammenstoß kommt.*

6. **Platzwechsel zu dritt im Liegen:** Schüler A, B und C liegen nebeneinander auf einer Mattenbahn, Abstand ca. 1½ bis 2 Meter. Der in der Mitte liegende Schüler B wälzt sich nach links auf den Schüler C zu. Sobald er an Schüler C herangewälzt ist, drückt sich Schüler C mit seinen Händen und Füßen vom Boden ab und überspringt Schüler B. Danach wälzt sich Schüler C auf Schüler A zu und wird von diesem übersprungen Nach diesem Sprung liegt er nun in der Mitte und der Vorgang beginnt erneut.

7. **Doppelrolle:** Schüler A geht in die Rückenlage mit angehobenen, leicht gegrätschten Beinen, Schüler B steht mit seinen Füßen rechts und links neben dem Kopf von Schüler A. Beide umfassen die Fußgelenke des anderen. Schüler A rollt vorwärts und zieht dabei Schüler B hoch *(siehe Abb. 65)*.

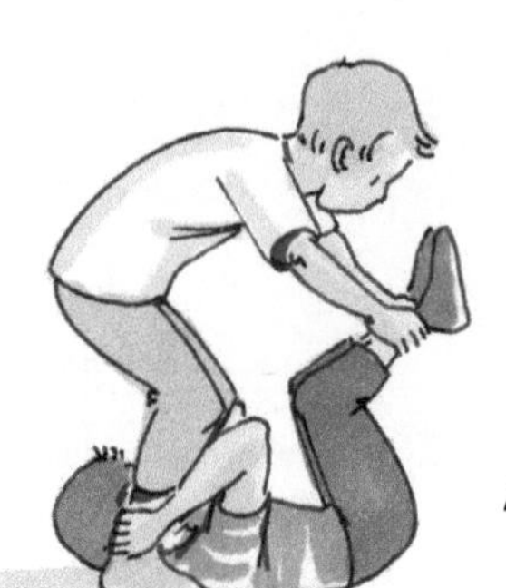
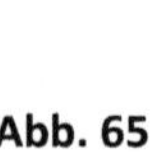
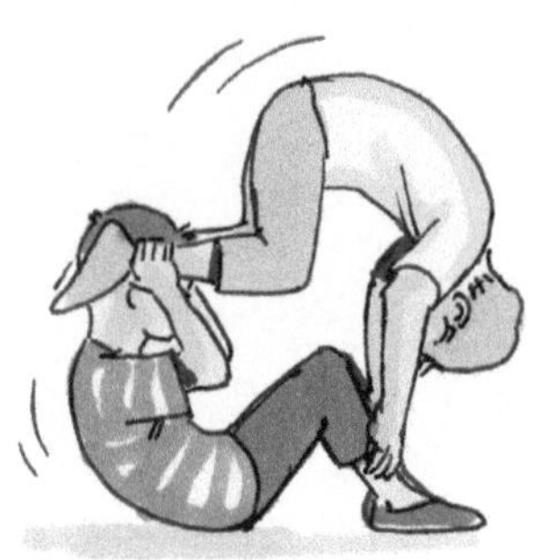

Abb. 65

> Hinweis: *Immer erst stützen, dann rollen. Die Füße des liegenden Schülers müssen erst auf dem Boden ankommen, bevor der Kopf zur Rolle ansetzt. Evtl. können weitere Schüler von außen die Rollbewegung unterstützen.*

8. **Übersprungrolle:** Schüler A ist im Grätschsitz und streckt die Arme nach oben. Schüler B steht dahinter, fasst dessen Hände und springt mit einer Hocke über Schüler A und landet zwischen den Beinen von A. Ohne loszulassen rollt Schüler B vorwärts und zieht Schüler A hoch. Nun kann Schüler A die Hocke ausführen usw. *(siehe Abb. 66)*.

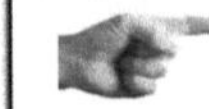

> Hinweis: *Die Landung erfolgt zwischen den Beinen von Schüler A. Den Griff immer beibehalten, nicht loslassen.*

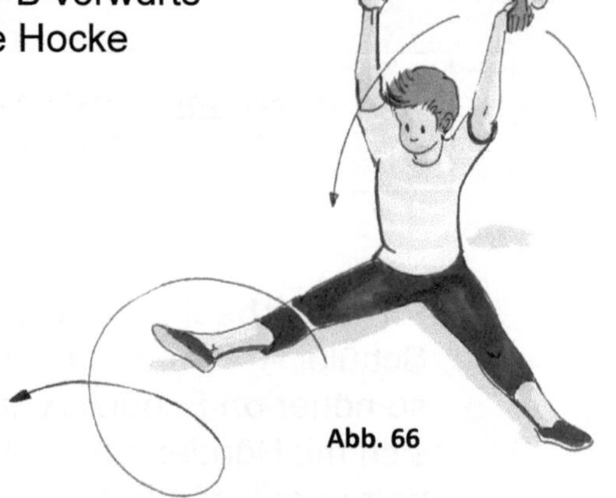

Abb. 66

9. **Rolle und Grätsche:** Schüler A und B stehen mit Abstand hintereinander und turnen gleichzeitig eine Rolle vorwärts. Schüler A bildet sofort einen „Bock" und Schüler B springt mit Stütz eine Grätsche darüber. Nach der Grätsche führt Schüler B eine Rolle vorwärts in den Grätschsitz aus, streckt die Arme nach oben, Schüler A stützt sich auf die Hände von B und führt nun eine Grätsche aus usw. *(siehe Abb. 67 auf der nächsten Seite)*.

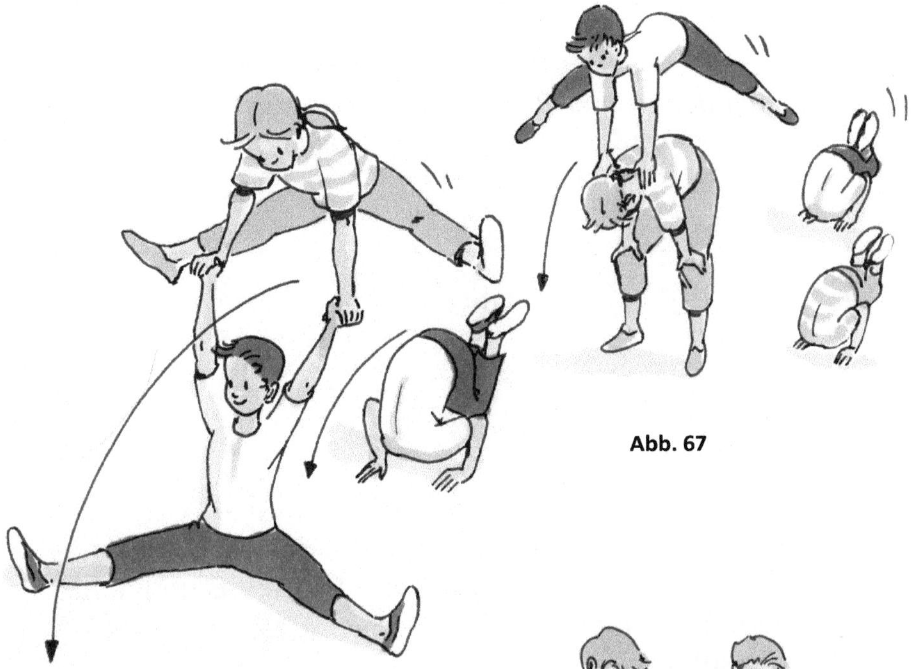

Abb. 67

10. Doppelrolle zu Dritt:
Die stehenden Schüler A und C fassen den auf dem Rücken liegenden Schüler B etwas oberhalb der Fußgelenke mit ihrer jeweiligen Innenhand. Der liegende Schüler B fasst jeweils an den innen stehenden Fußgelenken der Stehenden *(siehe Abb. 68)*.

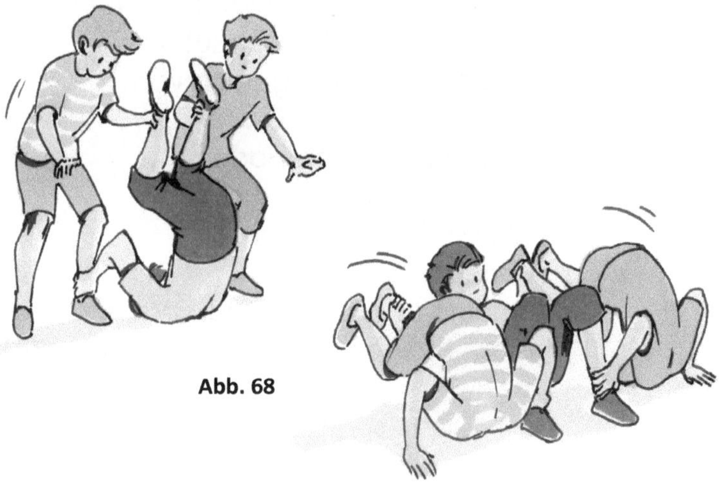

Abb. 68

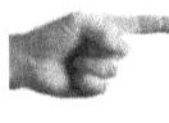

Hinweis: *Die Griffe immer beibehalten. Beim Rollen sollten die Füße des Mittelmannes und die Hände der Schüler A und C zur gleichen Zeit auf den Boden aufsetzen: erst stützen – dann abrollen!*

11. Gegensprungrolle zu Dritt: Schüler A stehen mit Abstand Schüler B und C gegenüber. Schüler B führt eine Rolle vorwärts aus, Schüler A führt einen Grätschsprung über den anrollenden Schüler B aus und turnt dann selbst eine Rolle vorwärts, über die dann Schüler C grätscht, um danach wieder eine Rolle vorwärts auszuführen, über die dann Schüler B grätscht usw. *(siehe Abb. 69)*.

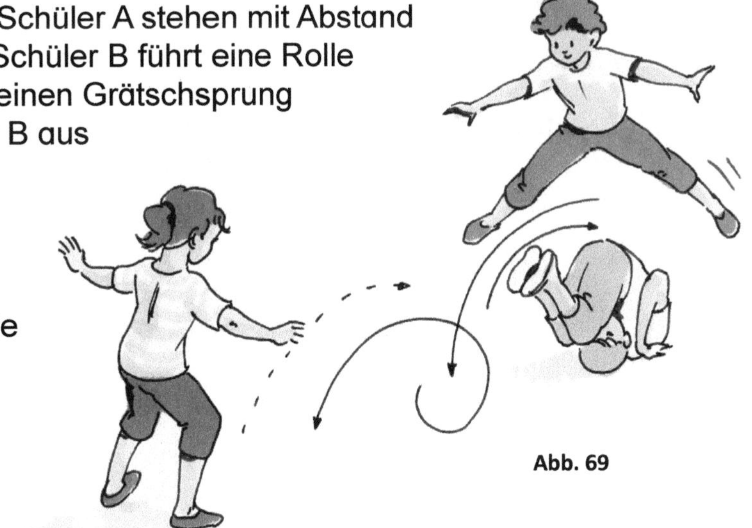

Abb. 69

Das Zirkusbuch
Alle machen mit! – Bestell-Nr. 11 643
KOHL VERLAG

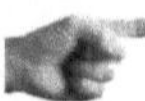

Hinweis: *Immer dort mit der Rolle beginnen, wo zwei Schüler stehen. Der optimale Zeitpunkt zum Überspringen bietet sich dann, wenn der „rollende Schüler" sich auf dem Rücken befindet. Wichtig ist das Finden des Rhythmus!*

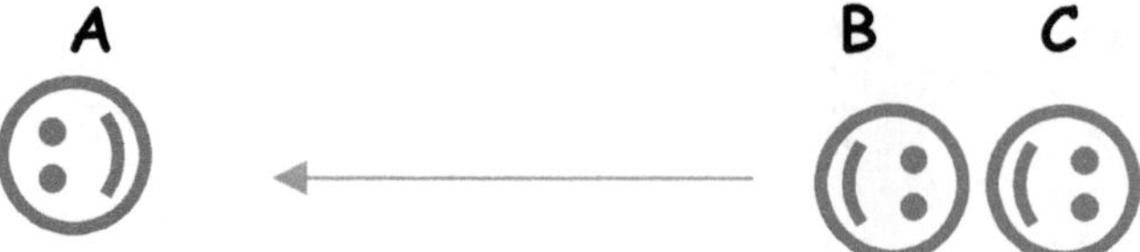

12. Zwei gleichgroße Schüler stellen sich mit Hochhalte der Arme rücklings aneinander. Schüler A fasst die Handgelenke von Schüler B und geht dabei leicht in die Kniebeuge in der Schrittstellung. Nun beugt sich Schüler A vorsichtig nach vorn und setzt die Hände von Schüler B auf den Boden auf, dabei drückt er etwas mit dem Rücken nach, sodass B über den Handstand in den Stand gelangt *(siehe Abb. 70)*.

Abb. 70

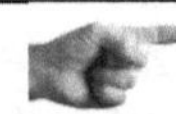

Hinweis: *Eventuell kann ein weiterer Schüler helfend absichern.*

- Wie zuvor, aber Schüler B hockt seine Beine an und Schüler A zieht ihn im Rückwärtssalto über sich.

13. Zwillingsrad: Schüler A und B stehen Gesicht zu Gesicht oder Rücken an Rücken und führen das Rad nach Absprache gemeinsam synchron aus.

Clownerien

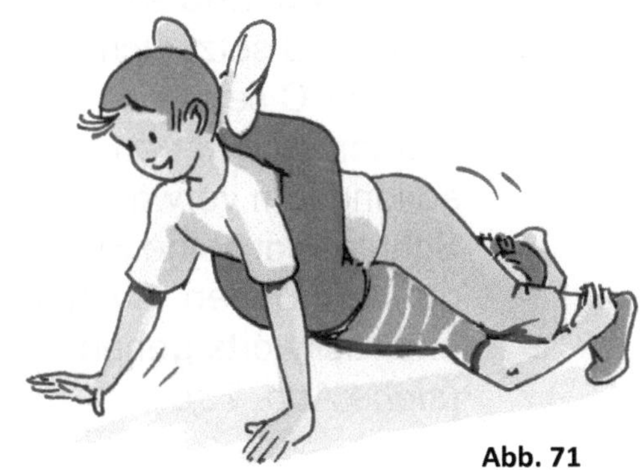
Abb. 71

1. **„Spinne“:** Schüler A geht in den hohen Liegestütz vorwärts mit etwas gegrätschten Beinen. Schüler A liegt auf dem Rücken unter A, fasst mit den Händen die Fußgelenke von A und verhakt seine Füße hinter dessen Rücken. Nun bewegt sich die „Spinne“ langsam vorwärts *(siehe Abb. 71)*.

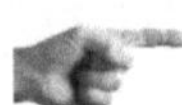 Hinweis: *Eventuell hilft ein dritter Schüler beim „Verhaken“ der Füße.*

2. **Doppelte Schubkarre:** Schüler A und B liegen in Bauchlage mit dem Kopf in entgegengesetzter Richtung. Schüler A legt seine fast gestreckten Beine auf die Oberschenkel / das Gesäß von Schüler B. Schüler B führt seine Füße um die Oberschenkel / das Gesäß von A. Nun drücken sich beide in den Liegestütz hoch.

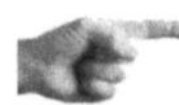 Hinweis: *Absprache treffen in welche Richtung sich bewegt werden soll.*

3. **Sechsfüßler:** Schüler A befindet sich in der Vierfüßler-Stellung rücklings, Schüler B setzt sich davor, seine Hände stützen sich auf den Füßen des ersten Schülers ab; Schüler C setzt sich vor Schüler B und stützt sich genauso ab. Versucht nun langsam vorwärts zu gehen. Versucht euch auch rückwärts und seitwärts fortzubewegen *(siehe Abb. 72)*.

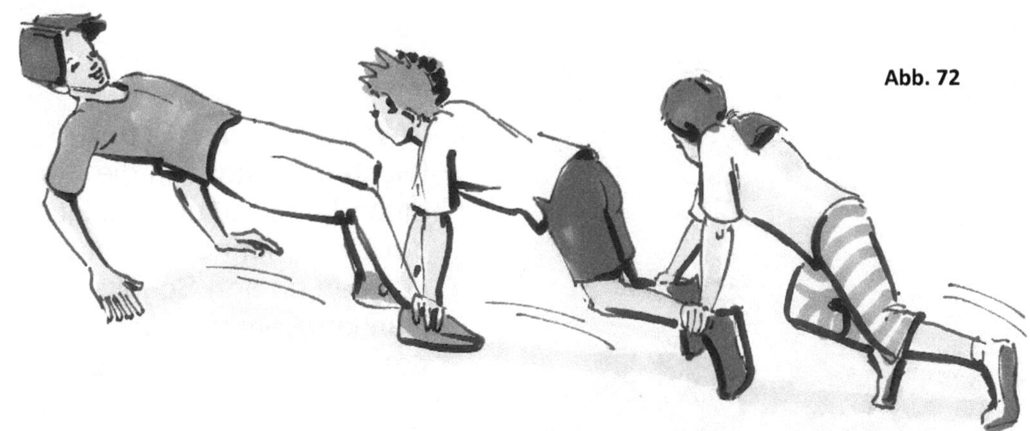
Abb. 72

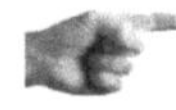 Hinweis: *Diese Form kann auch mit einer großen Anzahl von Schülern ausgeführt werden.*

Das Zirkusbuch
Alle machen mit! – Bestell-Nr. 11 643
KOHL VERLAG

4. **Zwei Füße und sechs Hände:** Schüler A ist im Grätschsitz auf dem Boden, Schüler B setzt sich kurz dahinter und schlingt seine Beine um dessen Hüften. Schüler C setzt sich hinter Schüler B und verfährt ebenso. Gemeinsam heben alle ihr Gesäß und gehen so langsam vorwärts. Nur der erste Schüler hat seine Füße noch auf dem Boden. Auch seit- und rückwärts gehen *(siehe Abb. 73).*

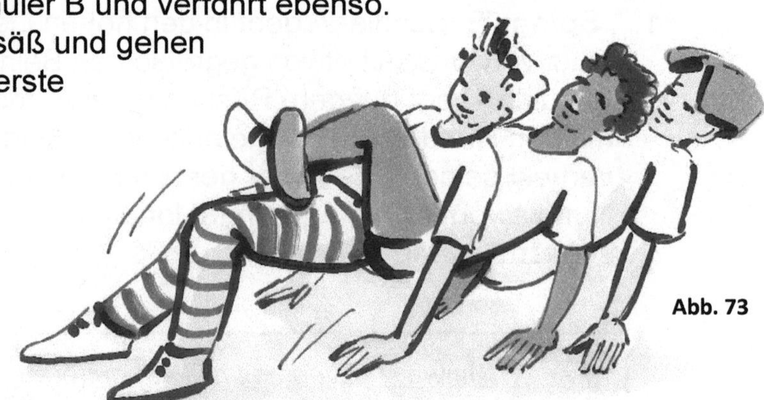
Abb. 73

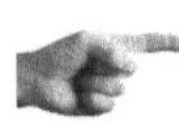 Hinweis: *Die unterschiedliche Aufgabenverteilung ermöglicht eine problemlose Gruppenzusammensetzung.*

5. **„Krake“:** Schüler A ist in der Bankstellung. Schüler B und C gehen rechts und links in den Liegestütz rücklings, wobei ihre Füße/Unterschenkel auf dem Rücken von Schüler A liegen. Nun bewegt sich die „Krake“ langsam vorwärts, hierbei geht der mittlere Schüler wirklich langsam vorwärts, die beiden äußeren Schüler stützeln sich mit ihren Händen seitwärts *(siehe Abb. 74)*.

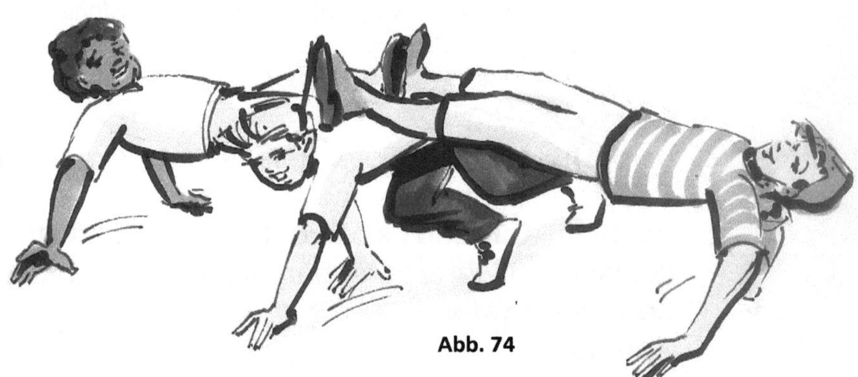
Abb. 74

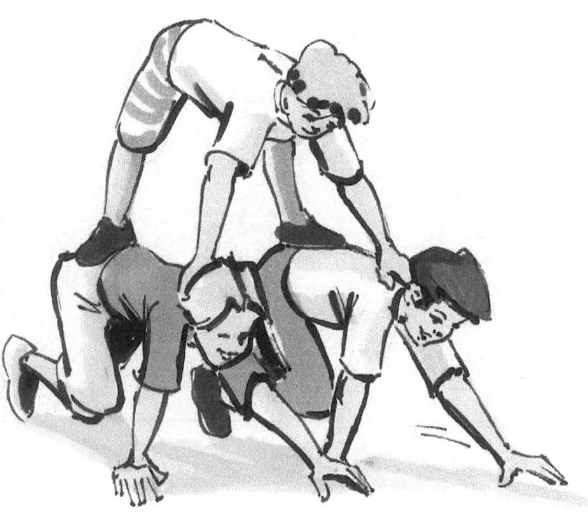
Abb. 75

6. **„Wildes Pferd“:** Schüler A und B gehen mit leichtem Abstand in die Bankstellung nebeneinander. Schüler C steigt auf die Becken der Untermänner und stützt sich mit seinen Händen an den Schultern von A und B ab. Nun langsam vorwärts bewegen, ohne dass der Reiter runterfällt *(siehe Abb. 75)*.

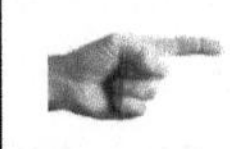 Hinweis: *Darauf achten, dass die Untermänner sich synchron vorwärts bewegen.*

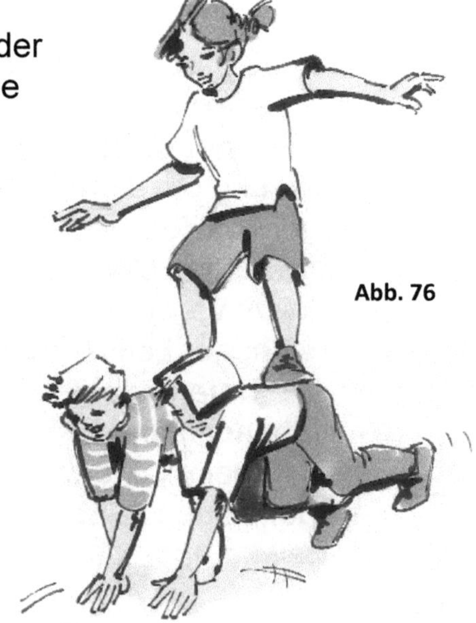

Abb. 76

7. **„Wagenrennen":** Schüler A und B sind nebeneinander in der Bankstellung. Schüler C steigt vorsichtig auf die Becken der Untermänner, wobei der rechte Fuß auf den rechten und der linke Fuß auf den linken Untermann gesetzt wird. Nun richtet sich Schüler C langsam auf und gibt das Kommando „vorwärts". Schüler A und B setzen sich in Bewegung und Schüler C versucht dabei das Gleichgewicht zu halten, um nicht runterzufallen *(siehe Abb. 76)*.

> <u>Hinweis</u>: *Die beiden Untermänner müssen sich synchron vorwärts bewegen und nahe beieinander bleiben.*

8. **„Purzelpyramide":** Vier oder fünf Schüler stehen nebeneinander. Der erste Schüler stellt sich mit gegrätschten Beinen und leicht gebeugten Knien auf. Der zweite Schüler setzt nun seinen rechten Fuß auf den Oberschenkel und stützt sich mit seinem rechten Arm auf die linke Schulter des ersten Schülers. In gleicherweise üben auch der dritte und vierte Schüler. Auf ein gemeinsames Zeichen, zum Beispiel „Hui", wird der linke Arm nach vorn genommen und die Pyramide präsentiert. Da taucht plötzlich ein weiterer Clown auf, umläuft die Pyramide, sieht sie sich von allen Seiten an und ruft laut: „Ich will auch mitmachen!" Er geht zum rechts außen stehenden Clown und stellt ungeschickt sein linkes Bein auf dessen Oberschenkel und drückt kräftig, sodass die ganze Pyramide zusammenbricht *(siehe Abb. 77)*.

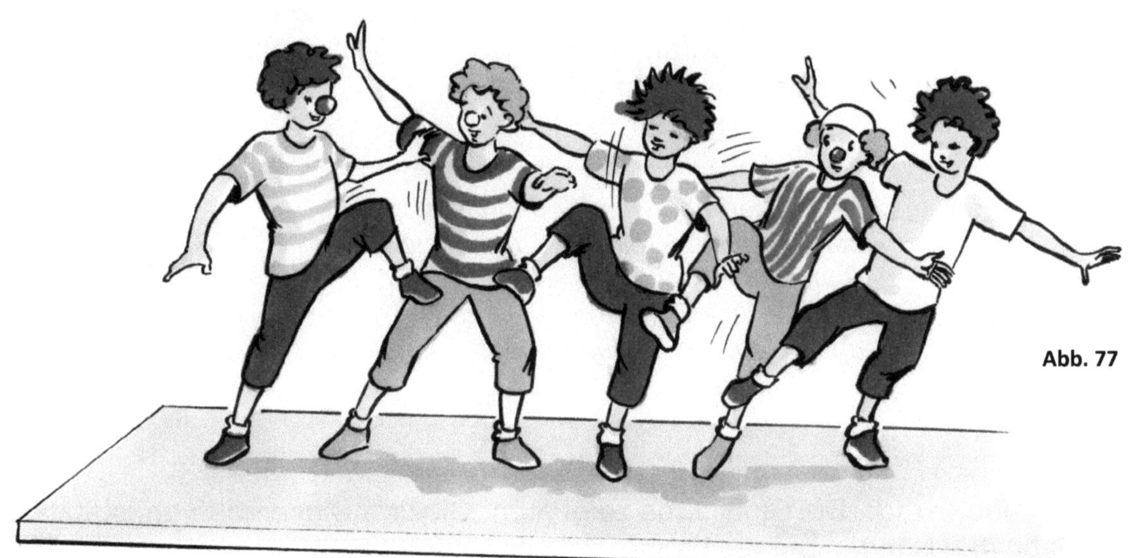

Abb. 77

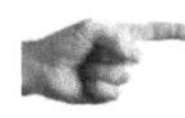

> <u>Hinweis</u>: *Die Schüler stehen auf ausgelegten Matten, sodass das Fallen etwas abgefedert wird.*

Das Zirkusbuch
Alle machen mit! – Bestell-Nr. 11 643
KOHL VERLAG

9. **„Fliegender Fisch“:** Die ganze Klasse wird in Paare aufgeteilt. Die Schüler fassen sich an den Unterarmen und bilden eine lange Gasse (ganz dicht nebeneinander aufstellen). Ein Schüler springt nach kurzem Anlauf mit einem Hechtsprung auf die von den Armen gebildete Gasse. Durch mehrmaliges (rhythmisches) Hochwerfen wird der Schüler durch die Gasse geworfen. Der Übende zieht sich mit den Händen leicht vorwärts. Am Ende der Gasse steht der Lehrer, fasst die Unterarme des Übenden und hilft ihm beim Landen auf beiden Füßen *(siehe Abb. 78)*.

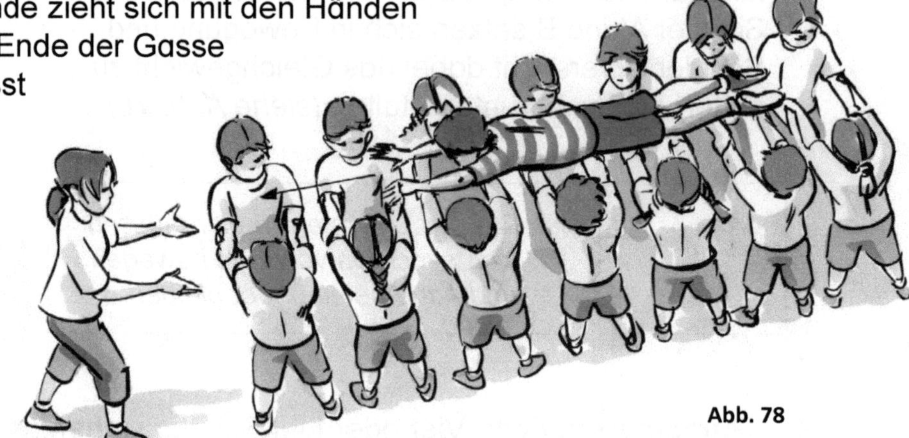

Abb. 78

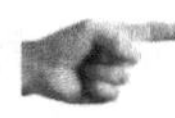 Hinweis: *Eventuell muss die Lehrkraft beim Aufsprung helfen und das Werfen durch die Gasse auch begleiten. Wichtig sind die gleichmäßigen Armbewegungen der Schüler in der Gasse: „und hoch – und hoch!“*

10. **„Wackelstuhl“:** Der Schüler (Clown) geht auf den Stuhl zu, setzt einen Fuß auf den vorderen Teil der Sitzfläche und den anderen Fuß mit dem Mittelteil auf die Lehne, die langsam nach vorn-unten gedrückt wird. Der „Clown“ geht weiter, als wäre nichts Besonderes gewesen *(siehe Abb. 79)*.

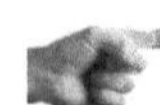 Hinweis: *Beim Übergehen immer den Oberkörper aufrecht halten, mit den Augen einen Punkt in Gehrichtung fixieren. Anfangs eventuell mit Partnerhilfe rechts und links ausführen – Mattenunterlage!*

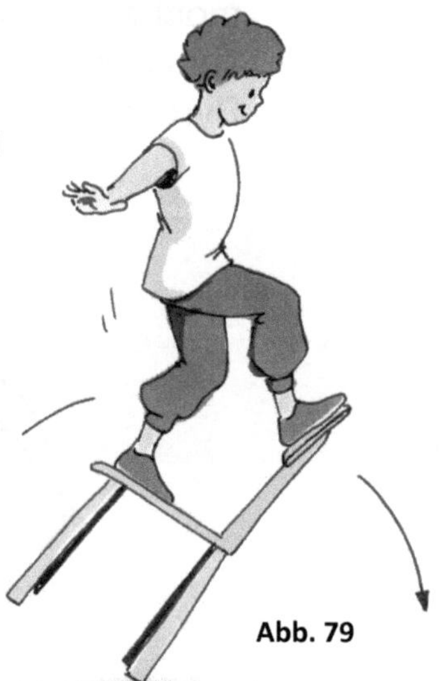

Abb. 79

11. **Lehnensprung:** Die Stuhllehne zeigt zum „Clown“. Dieser läuft an, stützt sich mit beiden Händen auf die Lehne und springt mit gegrätschten Beinen über die Lehne in den Sitz.

KOHL VERLAG Das Zirkusbuch Alle machen mit! • Bestell-Nr. 11 643

12. **Rolle mit der Zeitung:** Schüler A sitzt auf einem Stuhl und liest Zeitung. Schüler B springt von hinten über Schüler A fasst die Zeitung, rollt ab, richtet sich auf und geht weiter, als ob nichts geschehen wäre *(siehe Abb. 80)*.

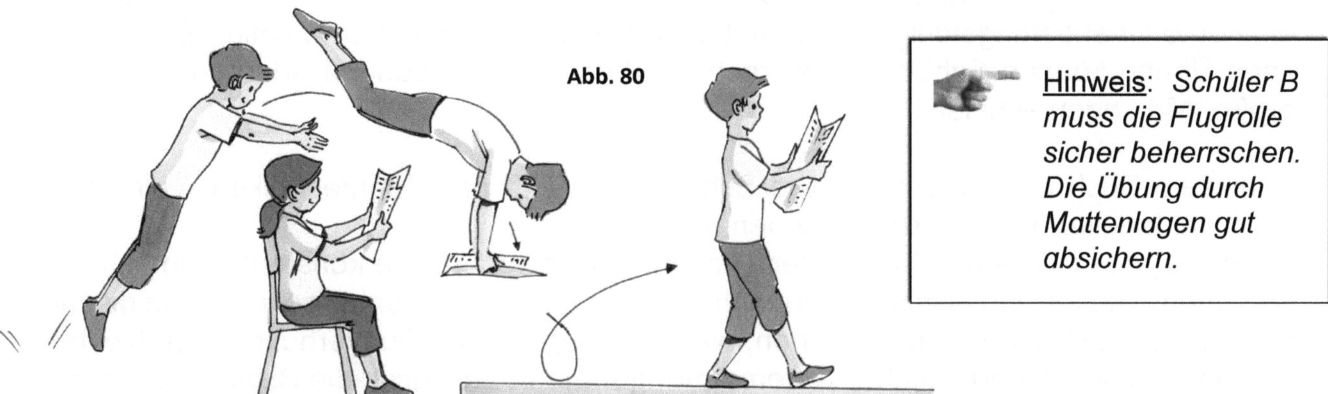

Abb. 80

<u>Hinweis</u>: *Schüler B muss die Flugrolle sicher beherrschen. Die Übung durch Mattenlagen gut absichern.*

13. **Am Po hochziehen:** Schüler A (Clown I) liegt mit dem Bauch auf dem Boden, die Hände befinden sich neben den Schultern. Schüler B (Clown 2) zieht ihn am Hosenbund nach oben. Der unten liegende Partner unterstützt das Hochziehen durch den Armeinsatz und das Hochheben des Gesäßes. Anschließend langsam die Arme nach vorne schieben und wieder in die Bauchlage kommen.

14. **Tritt von hinten:** Schüler A (Clown I) steht mit leicht gegrätschten Beinen vor Schüler B (Clown 2). Dieser holt mit seinem rechten Fuß Schwung und berührt mit dem Spann leicht den Po von Clown I. Gleichzeitig klatscht er sich selbst kräftig mit der rechten Hand auf seine rechte Pobacke, um den „Tritt“ geräuschvoll zu untermalen. Clown I geht wankend bei dem Geräusch nach vorn und fasst sich laut jammernd an die getroffene Stelle.

8 Handgeschicklichkeit und Jonglieren

Jonglieren gehört einfach zum Zirkus: Bunte Tücher und Bälle fliegen durch die Luft, geschickte Hände greifen immer wieder danach, fangen sie auf, um sie dann sofort wieder in die Luft zu werfen.

Um diese Bewegungskunststücke zu erlernen, sind ein schnelles Reaktionsvermögen, eine gute Orientierungsfähigkeit und natürlich Handgeschicklichkeit wichtig. Mit ein bisschen Übung können Schüler schon recht bald erste Basisübungen erlernen und damit große Wirkungen erzielen.

In diesem Buch wird aufgezeigt, wie Schüler die Wurf- und Fangtechniken – die sogenannten Jongliermuster – kennenlernen und üben.
Womit beginnt man – mit Bällen oder Tüchern? Bälle haben eine konstante und schnelle Flugbahn, Tücher sind langsamer, manchmal aber auch schwerer berechenbar. In diesem Buch wird mit den Tüchern begonnen, weil das langsamere Flugverhalten – „schweben nur langsam wieder nach unten“ – dem Anfänger mehrt Zeit lässt, die Bewegungsmuster auszuführen und zu verstehen. Das grundlegende Bewegungsmuster – die „Kaskade“ ist ausgehend von den Tüchern auf Bälle, Ringe und Keulen übertragbar. Gerade Schüler, die motorisch unerfahren sind und eventuell mit Jonglierbällen überfordert wären, sollten die ersten Schritte mit ***Jongliertüchern*** ausführen.

I. Jonglieren mit Tüchern

Tücher ca. 65 x 65 cm (oder 70 x 70 cm) Jongliertücher aus Chiffon in den Farben gelb, rot, grün, blau, pink, violett sind im Handel einzeln oder auch im 6er-Set erhältlich. Jongliertücher fallen sehr langsam und somit bleibt dem jeweiligen Schüler mehr Zeit zum Fangen, aber auch zum Verstehen der Flugbahnen der Tücher. Außerdem bieten sie eine große „Fangfläche“.

Grundsätzliche Wurf- und Fangtechnik

Die Tücher werden in der Tuchmitte mit Daumen, Zeige- und Mittelfinger gegriffen und mit dem Handrücken nach oben zeigend in die Luft geworfen *(siehe Abb. 81)*.

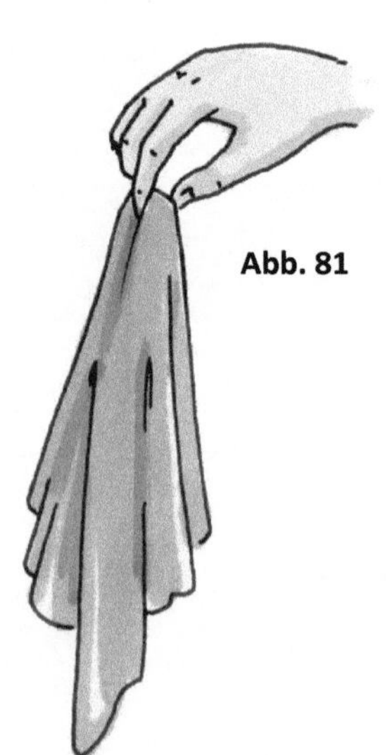

Abb. 81

Tipp: *Das Tuch immer erst über Schulter-/Kopfhöhe loslassen!*

Vorbereitende Übungen und Gewöhnen an das „Tuch“

Jeder Schüler bekommt ein Tuch und sucht sich damit einen freien Platz in der Sporthalle. Aus dem folgenden Angebot sucht sich der Lehrer einige Übungen für seine Klasse/Gruppe aus.

- Das Tuch knüllen und in die Luft werfen.
- Das Tuch blasend in der Luft halten.
- Das Tuch so in die Luft werfen, dass es möglichst langsam zu Boden fällt.
- Das Tuch mit einer Hand hoch in die Luft werfen und mit beiden Händen fangen.
- Das Tuch mit der rechten Hand im Bogen über Kopfhöhe zur linken Seite werfen und mit der linken Hand fangen. Danach auch gegengleich ausführen.

- Das Tuch in der Mitte mit Daumen, Zeige- und Mittelfinger greifen und es schnell nach oben ziehen und über Schulterhöhe loslassen.
- Zwei Schüler stehen sich gegenüber (Abstand ca. 2 m). Beide werfen zu gleicher Zeit ihr Tuch in die Luft und wechseln schnell die Plätze, um das Tuch des Partners zu „krallen“.
- Zu zweit drei Tücher jonglieren, rechts werfen, links fangen.

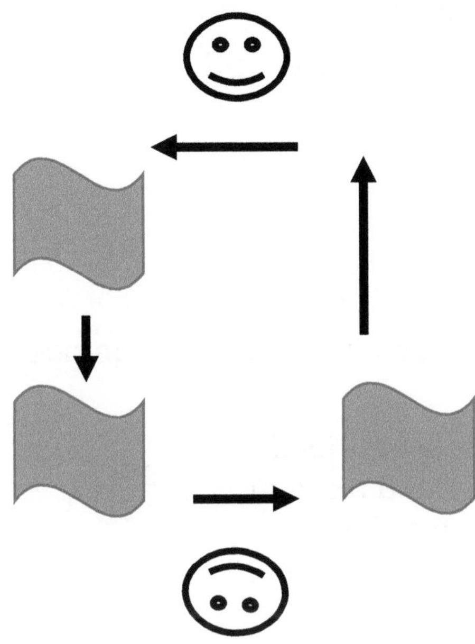

- Vier bis acht Schüler stellen sich nebeneinander auf. Jeder hält sein Tuch in der rechten Hand. Auf ein Zeichen des Lehrers werfen alle ihr Tuch möglichst senkrecht in die Luft, gehen gemeinsam einen Schritt nach rechts und versuchen, das Tuch des rechten Nachbarschülers zu „krallen“. Der rechts außen stehende Schüler hat keinen Nachbarn und muss deshalb vor der Reihe schnell nach hinten laufen, um dort das ganz links außen frei werdende Tuch zu fangen.

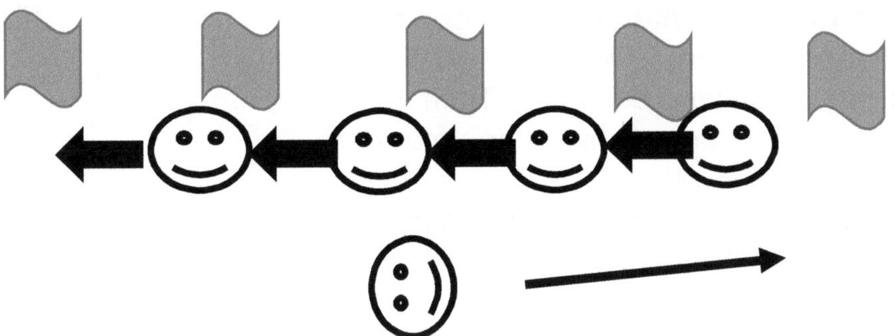

Auf dem Weg zur Kaskade…

1. <u>Mit einem Tuch</u>
   - Das Tuch in der Mitte mit Daumen, Zeige- und Mittelfinger greifen schnell nach oben ziehen und anschließend mit derselben Hand das Tuch von oben „krallen“ und nach unten drücken.

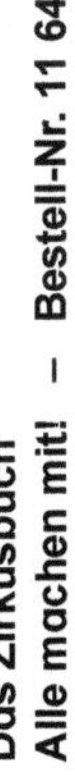

- Mit einer Hand das Tuch schräg zur Mitte hochwerfen und mit der anderen Hand das Tuch von oben krallen.
- Wie vor, aber versuche es immer wieder im gleichen Rhythmus und beschreibe dabei eine liegende Acht.

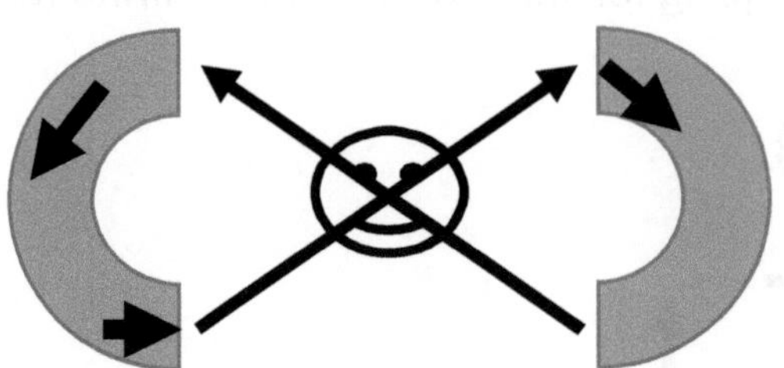

2. Mit zwei Tüchern

Sich zwei Punkte in der Luft ausdenken, die dort liegen wo man gerade noch über Kopf hin greifen kann.

- Nun im Wechsel das rote Tuch aus der rechten Hand und dann das blaue Tuch aus der linken Hand bis zum gedachten Punkt nach oben ziehen. Das rote Tuch etwas über Schulterhöhe loslassen, warten bis es den höchsten Punkt erreicht hat und dann das blaue Tuch nach oben ziehen. Durch den stetigen Wechsel ist immer ein Tuch in der Luft – ***„Wippe“***.

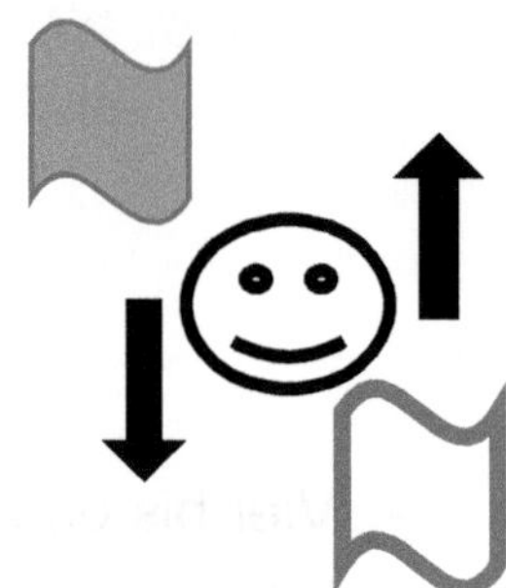

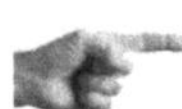 Tipp: *Das Tuch immer erst dann greifen, wenn es vor dir in Bauchhöhe angekommen ist.*

- Das rote Tuch mit der rechten Hand diagonal nach oben links ziehen (werfen). Wenn es etwa den höchsten Punkt erreicht hat, wird das blaue Tuch mit der linken Hand diagonal nach rechts oben unter dem roten Tuch hindurchgeworfen.
  Danach zuerst mit der linken Hand das rote Tuch und etwas später mit der rechten Hand das blaue Tuch „krallen“, d.h. die Tücher haben die Hände gewechselt *(siehe Abb. 82)*.

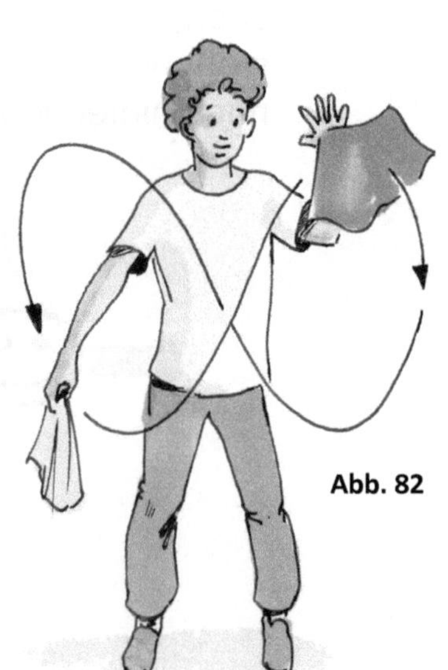

Abb. 82

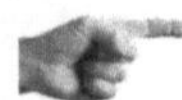 Tipp: *Die Tücher immer von oben „krallen“. Manchmal hilft auch zusätzliches Sprechen: Rot werfen – blau werfen – rot krallen – blau krallen.*

Das Zirkusbuch Alle machen mit! – Bestell-Nr. 11 643 KOHL VERLAG

8 Handgeschicklichkeit und Jonglieren

- Beide Tücher sind sicher gefangen worden: Nun als erstes Tuch mit der linken Hand zum rechten oberen Punkt werfen, danach das Tuch mit der rechten Hand zum linken oberen Punkt.

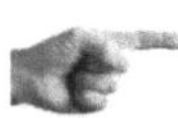

Tipp: *Also immer im Wechsel mit der linken und rechten Hand die Jonglage mit zwei Tüchern beginnen.*

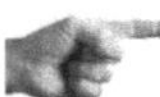

Hinweis: *Häufig haben einige Schüler Probleme mit der Überkreuzkoordination, da sie die Tücher im Kreis „weitergeben“. Sie sollten noch einmal einen Schritt zurückgehen und noch einmal die „Wippe“ üben.*

3. Mit drei Tüchern

Beherrschen die Schüler die Grundform der Kaskade mit zwei Tüchern, können sie in der Regel schnell die Zielübung mit drei Tüchern erlernen.

- Das dritte Tuch (gelb) wird zwischen Ring- und kleinem Finger eingeklemmt *(siehe Abb. 83)*.

Abb. 83

Der Rechtshänder beginnt mit zwei Tüchern (rot und gelb) und mit einem Tuch (blau) in der linken Hand. Die Hand mit zwei Tüchern beginnt mit dem Wurfmuster:
Mit der rechten Hand Tuch 1 (rot) nach links oben werfen, danach mit der linken Hand Tuch 2 (blau) nach rechts oben werfen. Mit der linken Hand Tuch 1 (rot) krallen.

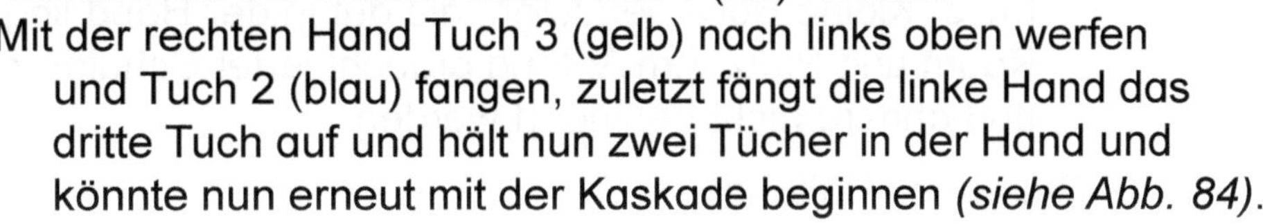

Mit der rechten Hand Tuch 3 (gelb) nach links oben werfen und Tuch 2 (blau) fangen, zuletzt fängt die linke Hand das dritte Tuch auf und hält nun zwei Tücher in der Hand und könnte nun erneut mit der Kaskade beginnen *(siehe Abb. 84)*.

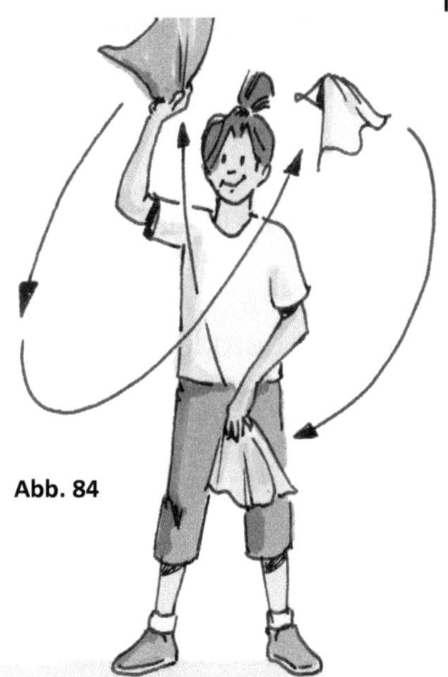

Abb. 84

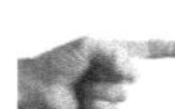

Hinweis: *Wichtig ist immer das gekreuzte Wurfmuster: die rechte Hand zieht die Tücher immer nach links und die linke Hand immer nach rechts oben.*

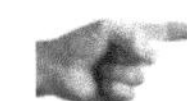

Tipp: *Anfänger sollten zunächst einige Male mit der gleichen Hand beginnen, bis sie sicherer werden.*

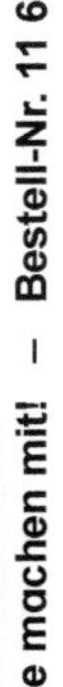

Das Zirkusbuch
Alle machen mit! – Bestell-Nr. 11 643
KOHL VERLAG

Damit sich die Tücher nicht in die Quere kommen, weit nach außen und oben werfen.

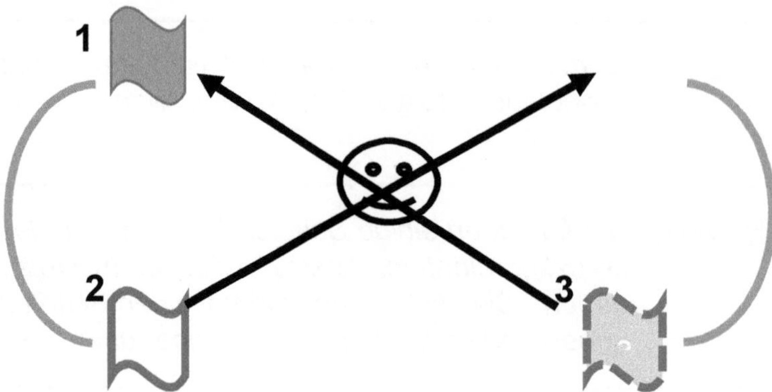

- Partnerjonglage mit 3 Tüchern – Kaskade zu zweit: zwei Schüler stehen seitlich nebeneinander und fassen sich an den innen liegenden Händen. Geworfen wird nur mit den äußeren Händen. Schüler A (rechtsstehend) hält zwei Tücher in seiner Außenhand und beginnt mit der Kaskade.

II. Jonglieren mit Bällen

Die mit den Tüchern erfahrenen Bewegungsmuster sind auf Bälle übertragbar. Jonglierbälle sind im Handel im Set von 12 Bällen recht günstig zu erwerben. Diese sogenannten Bean-Bags, Naturlederimitat, Ø 6,5 cm, ca. 95 g, gibt es in verschiedenen Farben und sind mit Kunststoffgranulat gefüllt. Für Kinder unter 8 Jahren (kleinere Hände) gibt es auch kleinere und leichtere Jonglierbälle mit einem Ø von 5 cm und ca. 40 g.

<u>Diese Punkte sind wichtig</u>!

- Bälle: Kleine Bälle benutzen, die gut in der Hand liegen.
- Raum und Platz: Am Anfang braucht jeder Schüler viel Platz, damit er selbst und andere nicht behindert werden.

• Stand und Haltung:

- Aufrechte Haltung, Beine hüftbreit mit leicht gebeugten Knien
- Unterarme mit 90 Grad anwinkeln – die Hände sollten immer etwa in Höhe des Bauchnabels sein.
- Handinnenflächen nach oben drehen (Handfläche zeigt zur Decke)
- Kopf normal aufrecht, Blick geradeaus, sodass man die Hände gerade noch im unteren Blickfeld sieht.

KOHL VERLAG Das Zirkusbuch Alle machen mit! – Bestell-Nr. 11 643

Übungen und Gewöhnen an den Ball

Natürlich ist es von Vorteil, wenn man sich vorher schon mit unterschiedlichen Bällen (Gymnastik-, Soft-, Tennisbälle) beschäftigt und damit grundlegende Bewegungserfahrungen in Form des Rollens, Prellens, Werfens und Fangens gemacht hat.

- Einen Ball mit einer Hand hochwerfen, in die Hände klatschen und wieder auffangen.
- Einen Ball in die Luft werfen, sich um sich selbst drehen und den Ball wieder auffangen.
- Einen Ball unter dem angehoben Bein in die Luft werfen und wieder auffangen.
- Einen Ball im Bogen in Kopfhöhe zur anderen Seite werfen und dort mit der anderen Hand wieder auffangen.
- In jeder Hand einen Ball – leicht hochwerfen und mit derselben Hand wieder auffangen.

Auf dem Weg zur Kaskade

Mit einem Ball

- Den Ball etwas über Kopfhöhe von der rechten in die linke Hand werfen. Anschließend auch von links nach rechts werfen.

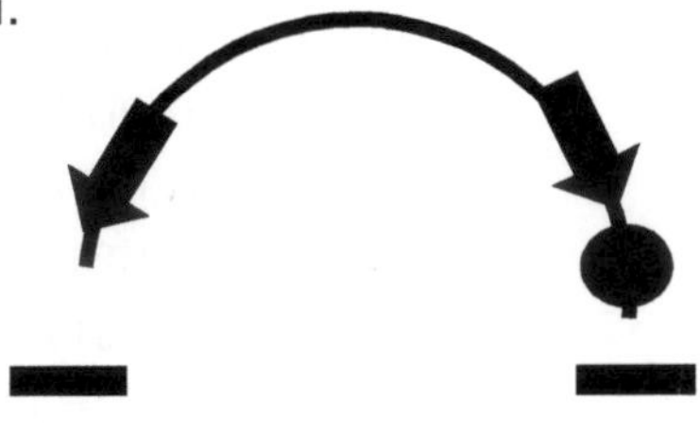

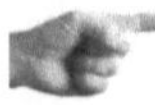 Hinweis: *Darauf achten, dass die Arme nah am Körper bleiben und die Unterarme waagerecht sind. Eventuell vor einer Wand üben, um ständiges Vorwärtsgehen zu vermeiden.*

- Den Ball immer wieder von einer Hand in die andere werfen, bis sich eine erkennbare Wurf- und Fangsicherheit gebildet hat. Jeder Schüler hat seine „Lieblingshand", mit der man gut werfen und fangen kann, beim Jonglieren braucht man aber beide Hände gleichermaßen.

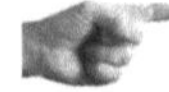 Tipp: *Erst dann mit zwei Bällen versuchen, wenn man die vorherige Übung sicher beherrscht.*

Mit zwei Bällen

- In jede Hand einen Ball nehmen. Den rechten Ball diagonal kopfhoch nach links werfen. Wenn der rechte Ball den höchsten Punkt erreicht hat, den linken Ball diagonal kopfhoch nach rechts werfen. Die Bälle fangen und nun mit links beginnen.

Das Zirkusbuch
Alle machen mit! – Bestell-Nr. 11 643

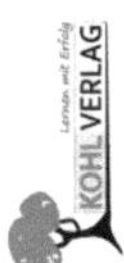

8 Handgeschicklichkeit und Jonglieren

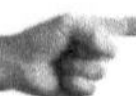 Hinweis: *Es wird überkreuz geworfen – beide Bälle kreuzen in der Luft und wechseln die Hände. Rhythmus: werfen – werfen – fangen – fangen. Darauf achten, dass die Bälle nicht zu hoch gefangen werden.*

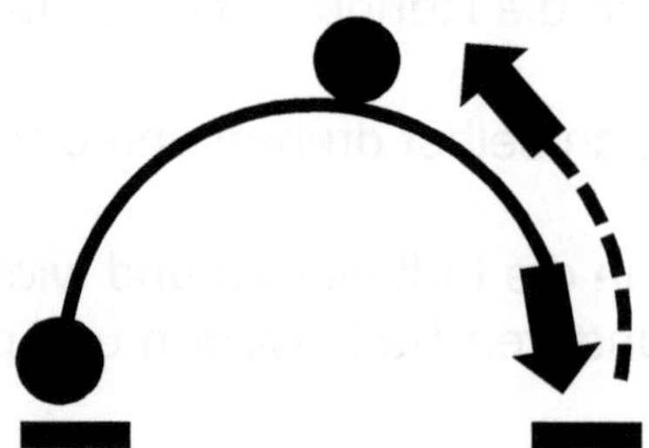

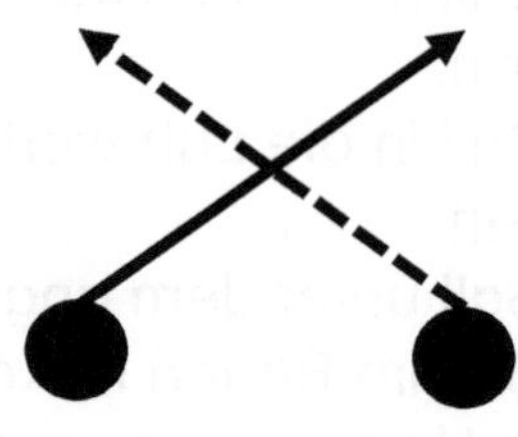

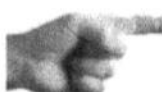 Tipp: *Manchmal ist es für den jeweiligen Schüler hilfreich, sich vorzustellen, seine Hände wären die unteren beiden Ecken von einem Viereck und die Bälle werden nun jeweils diagonal in die oberen Ecken geworfen.*

Für einige Schüler ist es eventuell auch hilfreich, sich zunächst nur auf die Abwürfe zu konzentrieren, das heißt, die Bälle werden in kurzem Abstand nacheinander hochgeworfen und dürfen auf den Boden fallen. Dadurch wird verhindert, dass die Bälle gleichzeitig abgeworfen werden.

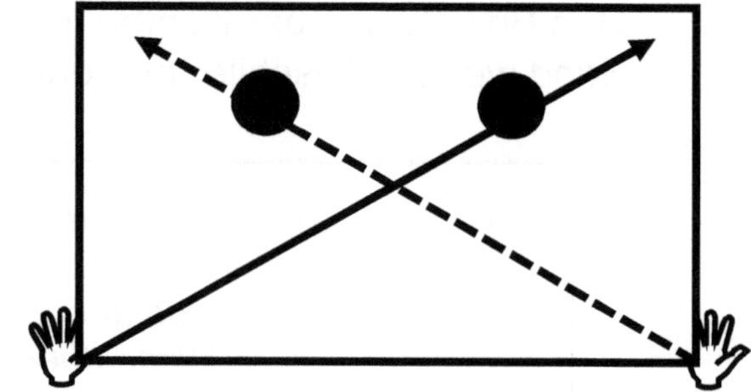

Mit drei Bällen

- Zur Gewöhnung an den dritten Ball wird die Übung mit 2 Bällen wiederholt, aber mit dem Unterschied, dass nun in der Hand (meistens die rechte Hand), ein zweiter Ball liegt. Anschließend auch mit der linken Hand ausführen.

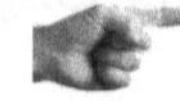 Hinweis: *Der Ball liegt aber wirklich nur in der Hand.*

- In der rechten Hand sind zwei Bälle und in der linken Hand ein Ball. Werfen wie gewohnt: ***rechts***, ***links***, ***rechts*** und fangen aller Bälle. Nun sind in der linken Hand zwei Bälle und in der rechten Hand ist ein Ball. Anschließend ***links***, ***rechts***, ***links*** werfen und fangen aller Bälle *(siehe Abb. 85)*.

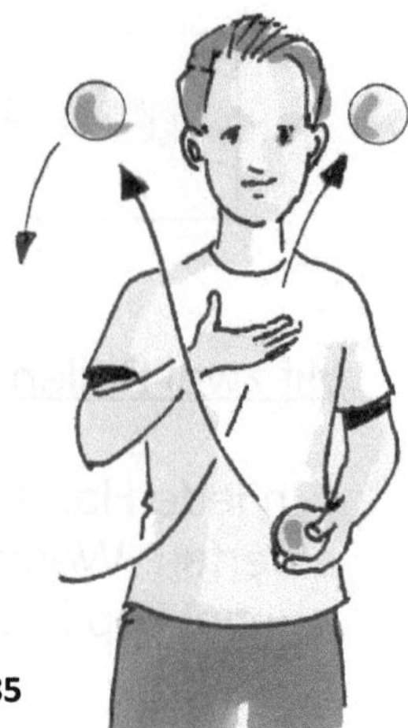

Abb. 85

8 Handgeschicklichkeit und Jonglieren

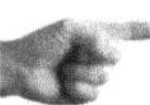
Tipp: *Erst den nächsten Ball werfen, wenn der vorhergehende seinen höchsten Punkt erreicht hat. Nicht zu hoch werfen. Es wird „überkreuz“ geworfen.*

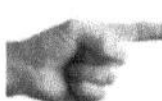
Hinweis: *Werfen ist wichtiger als das Fangen. Meistens ist das Fangen schwieriger als das Werfen, deshalb dürfen die Bälle anfangs manchmal auch auf den Boden fallen.*

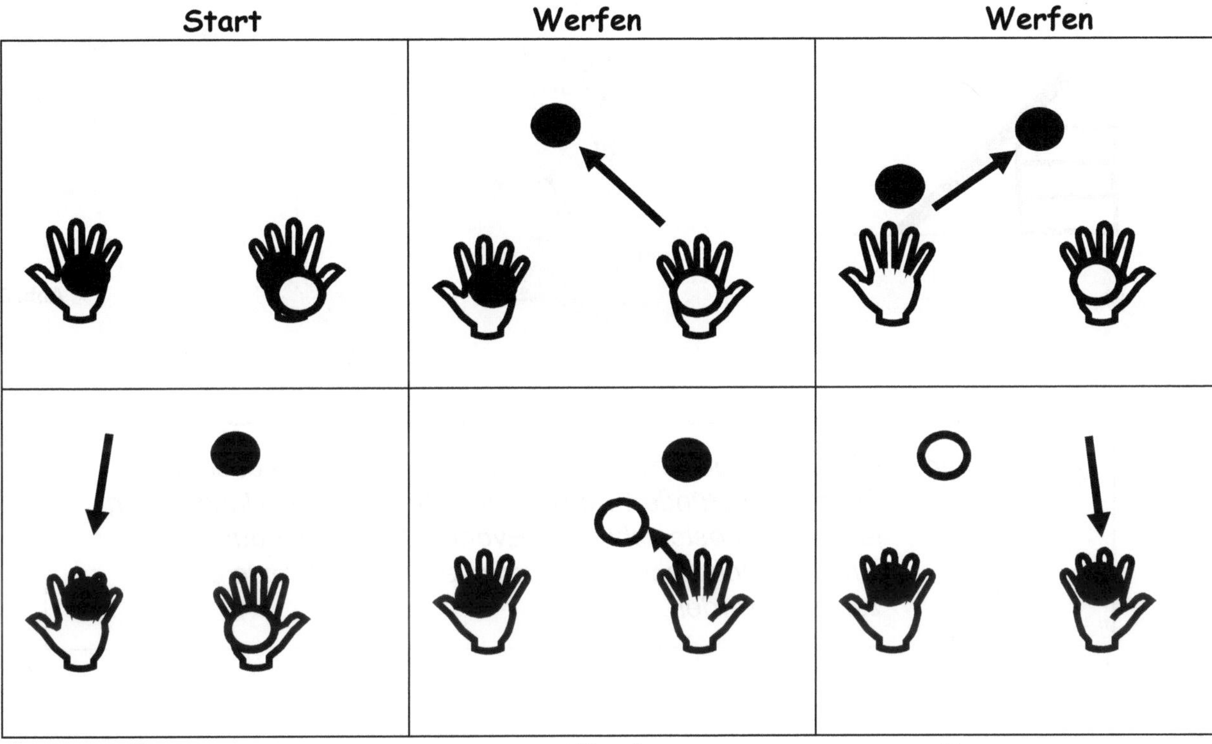

Tipp: *Manchmal ist es für den jeweiligen Schüler hilfreich, das 3-Ball-Bewegungsmuster (Kaskade) ganzheitlich am Boden oder an einer schrägen Ebene zu erproben.*

Am Boden: Stehend oder kniend werden drei Bälle im rhythmischen Wechsel schräg gegen eine senkrechte Fläche (Wand, umgekippte Bank, kleiner Kasten) geschoben. Mit zwei Tennisbällen in der rechten Hand und einem Tennisball in der linken Hand. Abstand ca. 50 bis 60 cm.

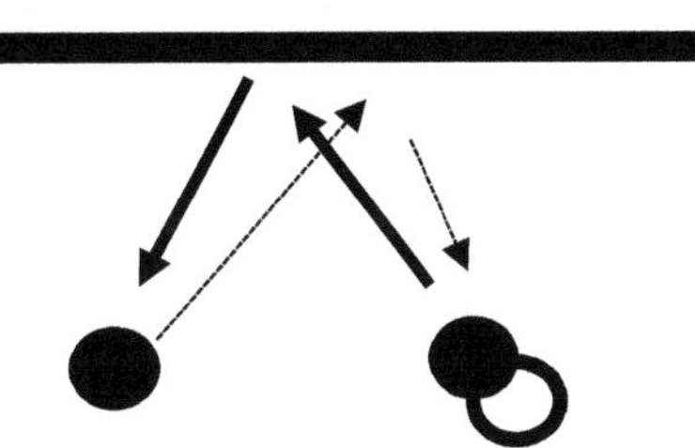

<u>An einer schrägen Ebene</u>:

Dazu benötigt man eine harte Bodenturnmatte (Judomatte), die gegen einen dreiteiligen großen Kasten gelehnt wird. Der Schüler kniet davor, am besten mit dem Rücken zur Wand, sodass die Bälle nicht weit weg rollen können *(siehe Abb. 86)*.

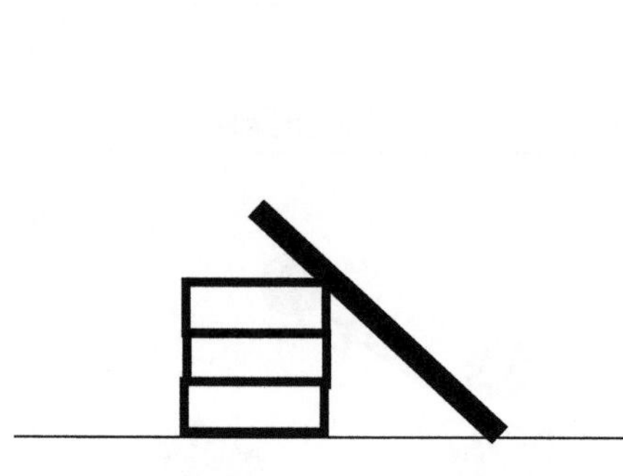

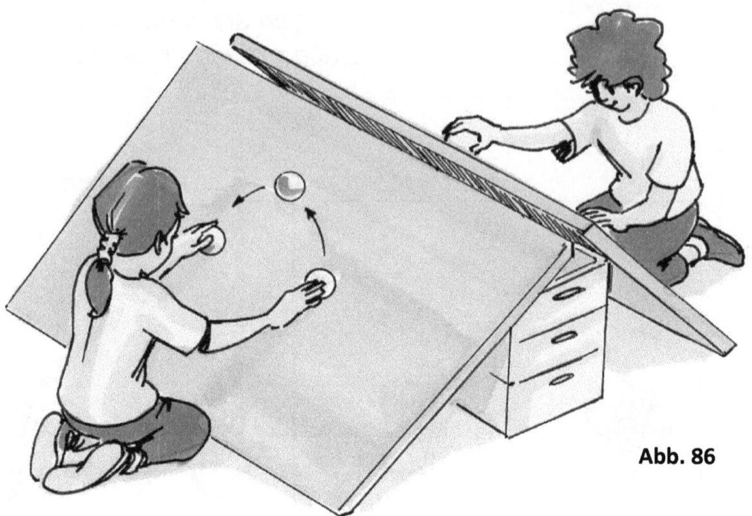

Abb. 86

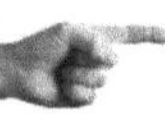 <u>Tipp</u>: *Die Übungsgeschwindigkeit kann durch Modifikation der Schrägen verändert werden. Je schräger, desto langsamer; je steiler – desto schneller. Eventuell kann hier auch noch eine liegende Acht als zusätzliche Hilfe mit Kreide eingezeichnet werden.*

Das Zirkusbuch
Alle machen mit! • Bestell-Nr. 11 643
KOHL VERLAG

Tellerdrehen

Das Tellerdrehen ist an sich nicht schwierig, man kann es unter Anleitung und mit einigen Hinweisen schnell erlernen. Damit es aber kein einmaliges Erfolgserlebnis bleibt, muss man immer wieder üben. Teller aus Kunststoff sind unzerbrechlich und haben einen deutlichen Rand an der Unterseite. Sie sind leicht zu handhaben und für Anfänger gut geeignet. Es gibt sie in verschiedenen Farben, mit einem Durchmesser von 24 – 25 cm, ca. 90 – 105 g schwer und natürlich mit dem dazugehörigen Holzstab mit einer Länge von 60 cm. Teller und Stab sind im Fachhandel erhältlich.

Hinweise zur Sicherheit:

- Wenn ein Teller auf den Boden fällt und man sich nach ihm bückt, muss stets die Spitze des Stabes nach unten gehalten werden und dabei eng an den Unterschenkel angelegt werden.

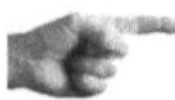

Tipp: *Zu Beginn den Teller aus der Hand auf den Boden fallen lassen, sich nach ihm bücken und dabei den Stab wie oben beschrieben halten.*

Das Halten und Drehen des Stabes

Den Stab senkrecht in die geübte Hand nehmen und den Zeigefinger dabei an den Stab legen. Das Handgelenk drehen und einen kleinen Kreis beschreiben. Eventuell auch mit der anderen Hand versuchen *(siehe Abb. 87)*.

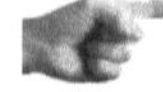

Tipp: *Überlege auch, in welche Richtung das Drehen erfolgt: Im Uhrzeigersinn oder gegen den Uhrzeigersinn.*

So könnte es gehen ...

Den Teller mit dem Rand auf die Stabspitze hängen, dabei hängt der Teller nach unten. Nun mit der Stabspitze erst kleinere, dann etwas größere Kreise „malen“, bis der Teller sich aufrichtet und dreht *(siehe Abb. 88 auf der nächsten Seite)*.

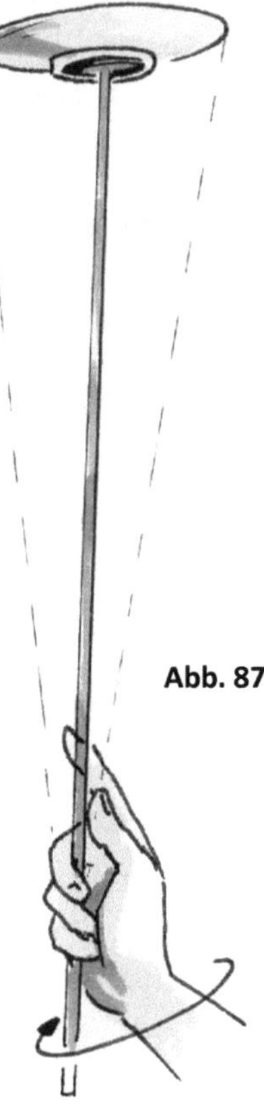

Abb. 87

KOHL VERLAG Das Zirkusbuch Alle machen mit! – Bestell-Nr. 11 643

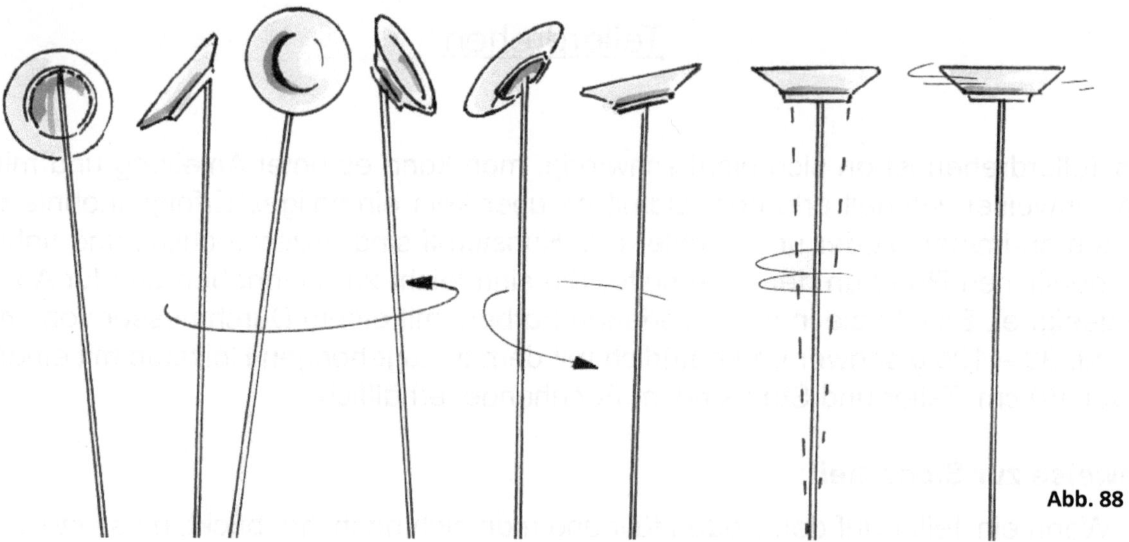

Abb. 88

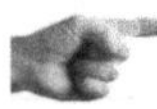

Hinweis: *Wenn das Handgelenk und der Stab steif gehalten werden, springt der Teller in die Mitte und dreht sich auf der Stabspitze weiter. Immer wieder versuchen und wiederholen.*

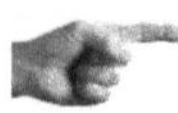

Tipp: *Soll wieder beschleunigt werden, muss der Stab wieder an den Rand rutschen und der Teller erneut angedreht werden.*

So geht es auch ...

Manchmal hilft es auch, wenn sich ein Mitschüler oder der Lehrer auf einen kleinen Kasten stellt und den Teller waagerecht hält, der übende Schüler lässt den Stab innerhalb des Tellerrandes kreisen *(siehe Abb. 89)*.

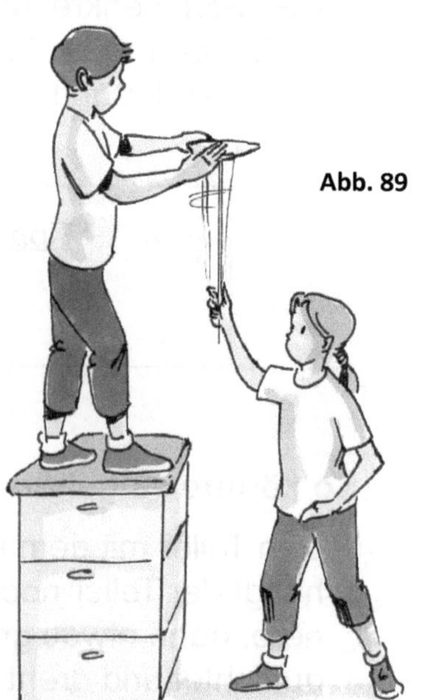

Abb. 89

Auch diese Übung könnte hilfreich sein ...

Den Stab in die geübte Hand nehmen und den Teller mit der Vertiefung auf die Stabspitze drehen und den Teller mit der anderen (freien) Hand andrehen *(siehe Abb. 90)*.

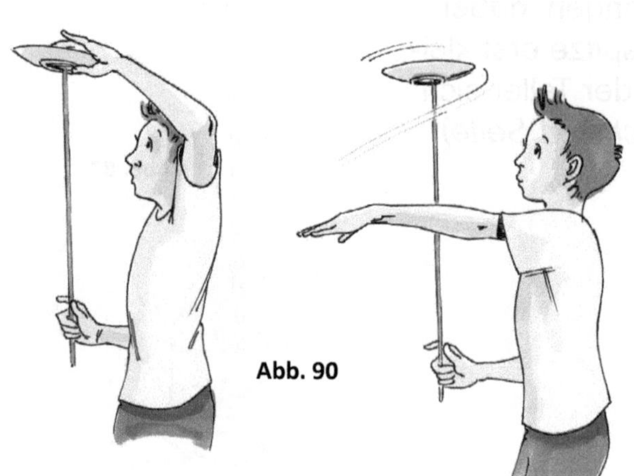

Abb. 90

Manchmal kann auch ein Mitschüler oder der Lehrer den Teller andrehen.

Das Zirkusbuch – Alle machen mit! – Bestell-Nr. 11 613 – KOHL VERLAG

Weitere vertiefende Übungen ...

- Den Arm strecken und den drehenden Teller leicht nach oben und danach wieder nach unten bewegen.
- Mit dem sich mit drehenden Teller eine ganze Körperdrehung ausführen.
- Den sich drehenden Teller vorsichtig nach oben werfen und weich wieder auffangen.

Mit Zigarrenkisten

„Cigar-Boxes" sind stabile Kisten in den Farben gelb, blau und rot. Die Kanten sind schwarz abgesetzt. Sie haben ein Maß von 180 x 120 x 62 mm, sind 200 g schwer und im Fachhandel erhältlich.
Das Jonglieren mit Zigarrenkisten ist häufig nicht so bekannt, aber gerade das „Neue" und „Unbekannte" löst bei vielen Schülern eine hohe Motivation aus.
Man kann die mittlere Kiste hochziehen und wieder auffangen. Später kann man die Plätze der einzelnen Kisten tauschen, sie in die andere Hand übergeben, sie verkanten und vieles mehr. Schnelle Erfolgserlebnisse mit den Grundübungen motivieren zu weiteren Versuchen und Tricks. Aus der Vielzahl der Möglichkeiten wird hier eine Auswahl getroffen, die die Grundlagen für weitere Tricks bilden.

Wo sollte man üben?

Erfahrungsgemäß werden anfangs die Kisten häufig runterfallen. In der Sporthalle ist es deshalb sinnvoll, sich auf eine Turnmatte zu stellen, damit die Ecken der Kisten nicht beschädigt werden, außerdem ist es dann auch nicht so laut.

Wichtige Hinweise

Die Kisten werden etwas in Hüfthöhe gehalten. Das Hochführen der Kisten erfolgt aus den Knien (wippendes Hochführen) bis in Schulterhöhe – erst dann erfolgt der Trick.

Grundhaltung

Die mittlere Kiste wird zwischen den beiden äußeren eingeklemmt.

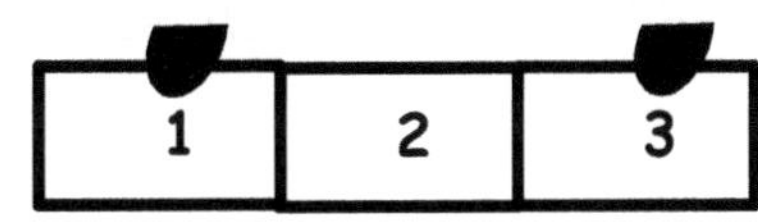

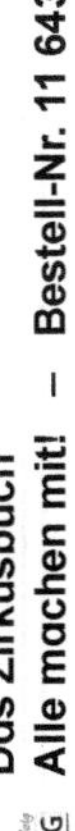
Das Zirkusbuch
Alle machen mit! – Bestell-Nr. 11 643
KOHL VERLAG

- Mit einer leichten Aufwärtsbewegung alle drei Kisten nach oben führen, die geübte Hand (meistens rechts) kurz lösen und dann schnell wieder zufassen.
- Wie zuvor, aber mit der ungeübten (linken) Hand.

> Tipp: *Immer mit beiden Händen rechts und links üben, damit später die Tricks gleichmäßig und harmonisch ablaufen können.*

- Die mittlere Kiste in der Aufwärtsbewegung leicht hochwerfen und danach sofort wieder mit den beiden anderen fangen und einklemmen *(siehe Abb. 91)*.

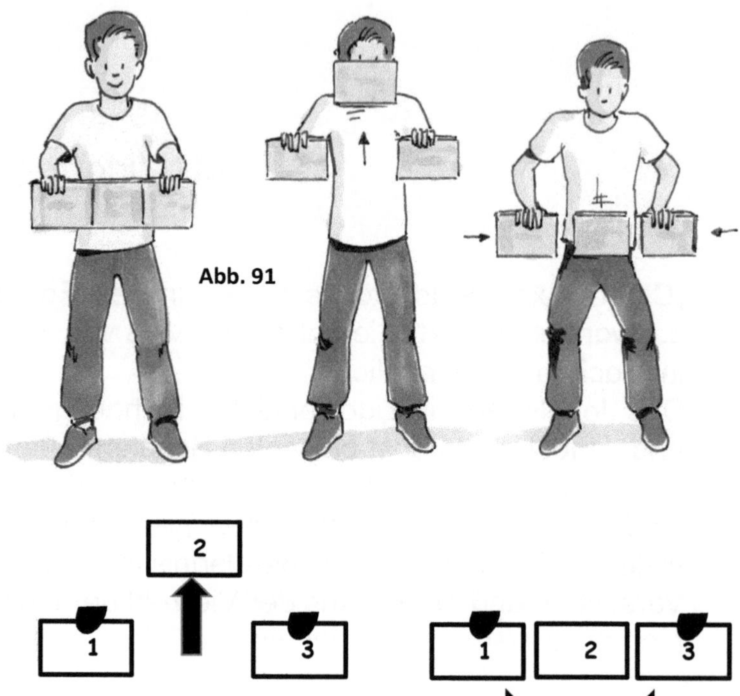

Abb. 91

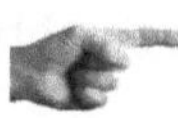

> Hinweis:
> *Diese Übung wird auch als Grundübung (basic) bezeichnet und sollte deshalb immer wieder geübt und wiederholt werden.*

- Die mittlere Kiste in der Aufwärtsbewegung leicht hochwerfen und eine äußere Kiste um 90 Grad drehen (mit der rechten Hand) und danach sofort die mittlere Kiste wieder fangen (einklemmen).
- Wie zuvor, aber mit der anderen (linken) Hand.
- Die mittlere Kiste in der Aufwärtsbewegung leicht hochwerfen, aber nun beide äußeren Kisten um 90 Grad drehen und die mittlere Kiste wieder fangen (einklemmen).

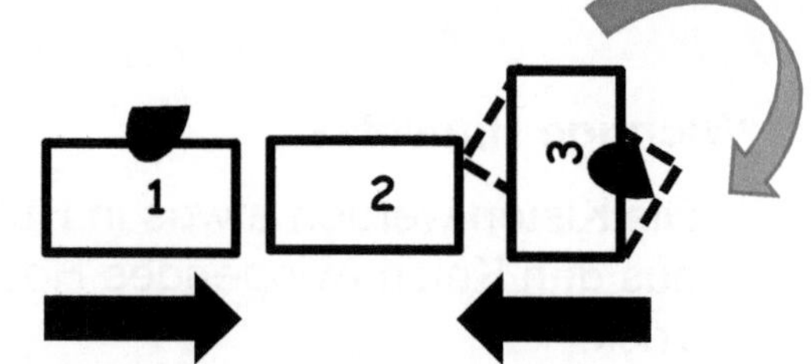

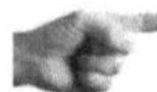

> Tipp: *Zum kontrollierten Fangen immer etwas in die Knie gehen. Für manche Schüler ist es hilfreich, wenn die drei Kisten auf einem Tisch (geraden Fläche-Boden) liegen und dort erst einmal das Umfassen der äußeren Kiste geübt wird (siehe Abb. 92).*

8 Handgeschicklichkeit und Jonglieren

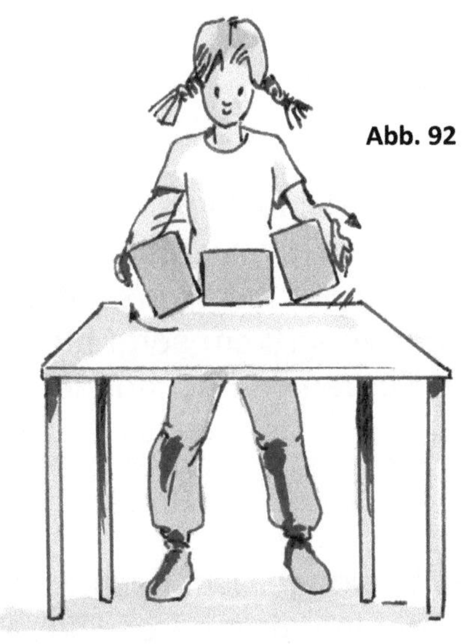
Abb. 92

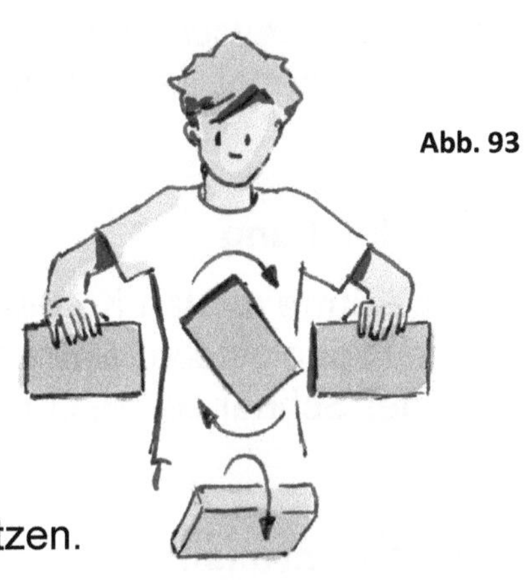
Abb. 93

- Hochführen der Kisten wie gewohnt, die Mittelkiste von oben greifen, und herausnehmen und außen ansetzen.

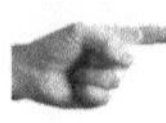

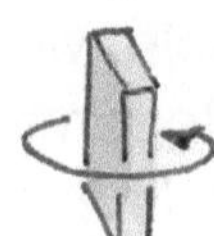

Hinweis: *Über oder unter einer Außenkiste nach außen führen. Erst mit der geübten, später auch mit der schwächeren Hand versuchen.*

- Hochführen der Kisten, die mittlere Kiste drehen und wieder auffangen.

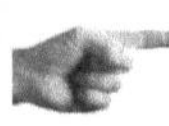

Hinweis: *Alle Drehungen ausprobieren (siehe Abbildung 93 oben).*

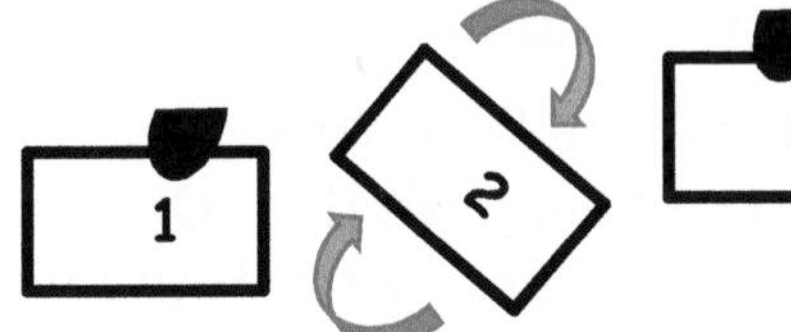

- Alle drei Kisten senkrecht halten – die obere und untere Kiste wegziehen und die mittlere Kiste auffangen. Weitere Tricks mit senkrecht gehaltenen Kisten ausdenken.
- Alle drei Kisten hochwerfen und dann die beiden äußeren Kisten mit überkreuzten Armen fangen.

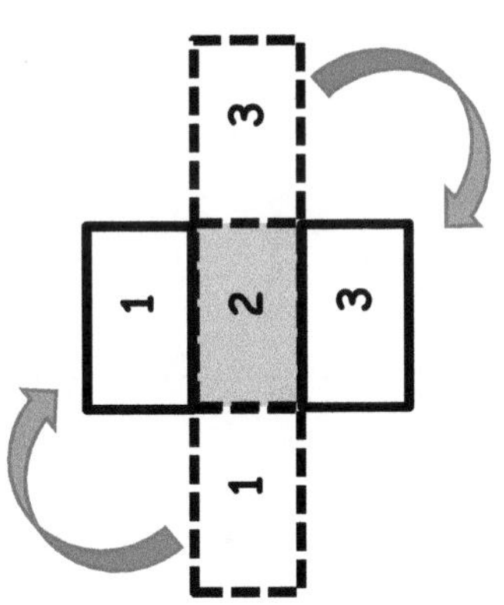

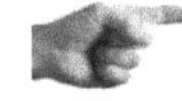

Tipp: *Es ist hilfreich, wenn man zunächst in der Endposition beginnt, das heißt, die Kisten werden mit überkreuzten Armen nach oben geführt und dann der Griff in die Normalhaltung gewechselt.*

KOHL VERLAG Lernen mit Erfolg
Das Zirkusbuch
Alle machen mit! – Bestell-Nr. 11 643

Jonglieren mit dem Diabolo

Anfänger sollten am besten mit dem großen oder mittleren Diabolo beginnen. Das große Diabolo wiegt 300 g und hat einen Durchmesser von 12 cm. Dazu gehören in der Regel Handstäbe aus Holz 12/14 mm Ø, 42 cm lang und die Schnur. Auch das mittlere Diabolo mit einem Gewicht von 190 g und einem Durchmesser von 10 cm sorgt für ein stabiles Laufverhalten. Beide Diabolos sind in verschiedenen Farben im Fachhandel erhältlich.

Grundstellung

Oberarme an den Körper anlegen und die Unterarme waagerecht nach vorn halten. Die Diabolostäbe bilden dabei eine Verlängerung der Unterarme. Das Diabolo hängt in der Schnur ca. 15 cm über dem Boden, die hintere Schale zeigt zum Schüler.

Starten/Anrollen

Das Diabolo wird etwas rechts versetzt auf den Boden gelegt und die Schnur gespannt. Nun das Diabolo von rechts nach links ziehen, sodass es sich zu drehen beginnt. Wenn das Diabolo sich dann links vom Schüler befindet, wird es vom Boden abgehoben und gelangt in die Grundhaltung *(siehe Abb. 94)*.

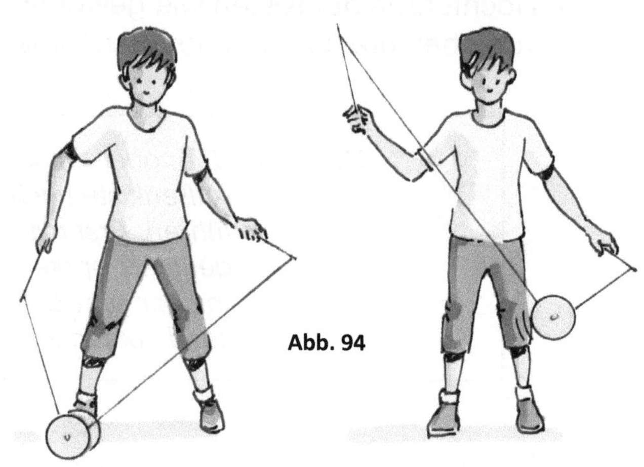

Abb. 94

Beschleunigen

Damit das Diabolo sich weiter dreht, muss es beschleunigt werden. Das erreicht man, indem man mit der rechten Hand (Führhand) den rechten Handstab schnell hintereinander nach oben zieht, dadurch nimmt das Diabolo „Spin" auf und dreht sich immer schneller.

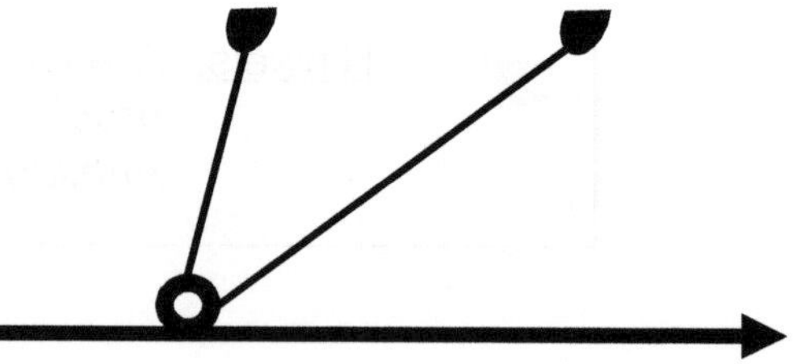

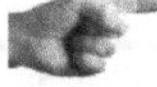 <u>Hinweis</u>: *Es gibt also immer eine mehr aktive und eine mehr passive Seite, das heißt, während die rechte Hand weiter „peitschend" hochzieht, reagiert die linke Hand nur.*

Antreiben und beschleunigen

Mit der rechten Hand (Führhand) den rechten Stab schnell hintereinander nach oben ziehen, dadurch dreht sich das Diabolo immer schneller. <u>*Im Gleichgewicht halten!*</u>

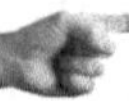

Tipp: *Wenn das Diabolo während des Antreibens vom Schüler wegkippt, muss der rechte Handstab ein wenig zum Körper des Schülers gezogen werden, bis das Diabolo wieder gerade läuft.*

Wenn das Diabolo auf den Schüler zukippt, muss der rechte Handstab ein wenig nach vorne bewegt werden.

Erste Tricks

Hochwerfen: Aus der Grundstellung beide Arme gleichzeitig und schnell nach außen führen. Darauf achten, dass sich beide Stabspitzen auf einer Gerade bewegen (keine Kreisbahn). Je kräftiger und schneller man zieht, desto höher fliegt das Diabolo *(siehe Abb. 95)*.

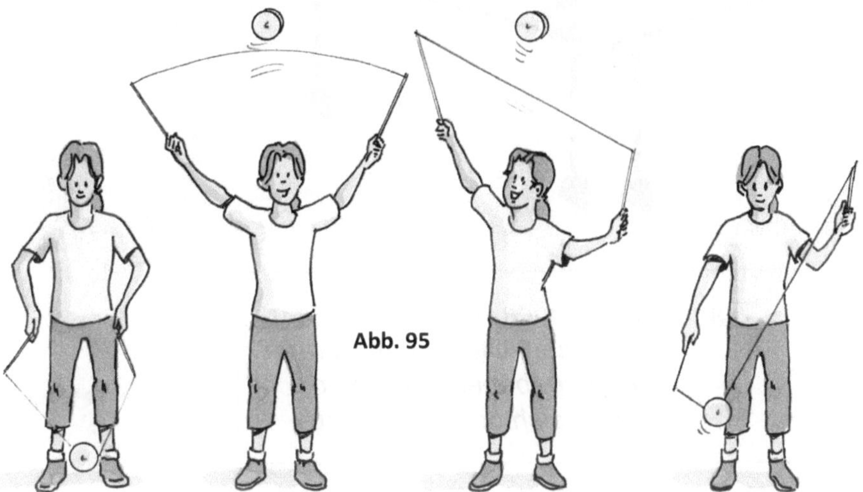

Abb. 95

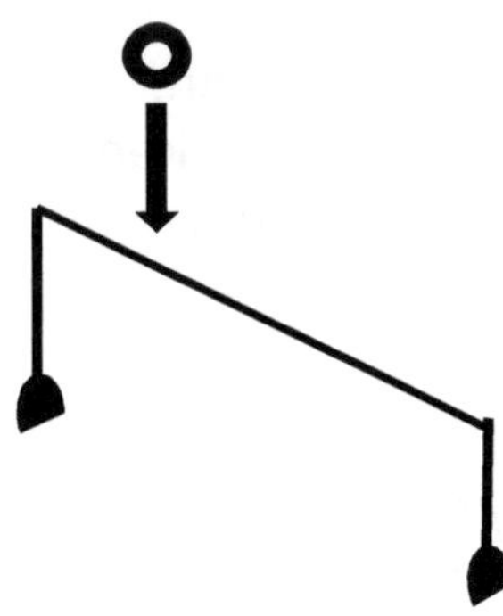

Fangen: Das Diabolo mit der Führhand abholen, das heißt, den rechten Arm nach oben strecken, der Stab zeigt dabei senkrecht nach oben. Der linke Arm spannt die Schnur, die jetzt knapp an der Nase vorbeigeht. Das Diabolo über der rechten Stabspitze anpeilen und nahe am Handstab fangen und mit der Schnur nachgeben, um den Schwung aufzufangen. Das Diabolo danach möglichst sofort wieder andrehen.

Weitere mögliche Wurfvarianten

Wenn der Schüler das Werfen und Fangen sicher beherrscht, kann er weitere Möglichkeiten versuchen.

- Trampolin springen: Nach dem Hochwerfen direkt unter das Diabolo gehen und beide Hände mit gespannter Schnur dagegenhalten, dadurch wird es gleich wieder hochgeschleudert. Das Diabolo auf der gespannten Schnur hüpfen lassen.

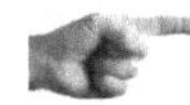

Tipp: *Immer rechtwinklig zur Achse stehen.*

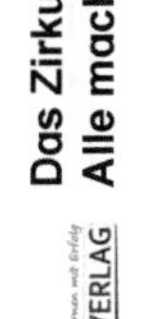

Das Zirkusbuch
Alle machen mit! – Bestell-Nr. 11 643

8 Handgeschicklichkeit und Jonglieren

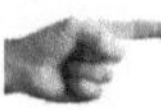 Hinweis: *Erfahrungsgemäß sollte man vor dem Abwerfen einmal in diese Position gehen, damit man fühlt, wie stark man später dagegen drücken muss, damit das Diabolo hochspringt.*

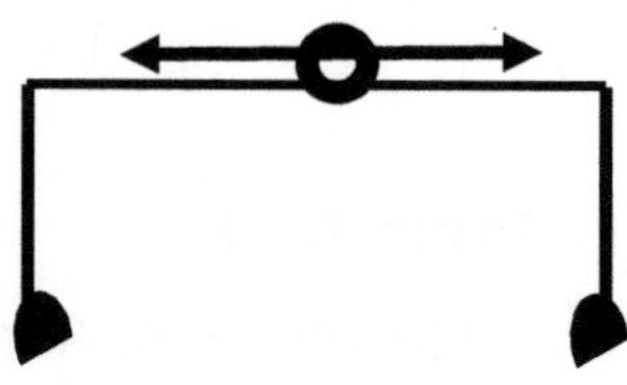

- Beide Arme mit gespannter Schnur über Kopf nehmen und das Diabolo kurz waagerecht über die Schnur laufen lassen.
- Wenn die vorherige Übung gut klappt, kann man es auch mit dem Partner versuchen: Das Diabolo von Schnur zu Schnur laufen lassen *(siehe Abb. 96)*.

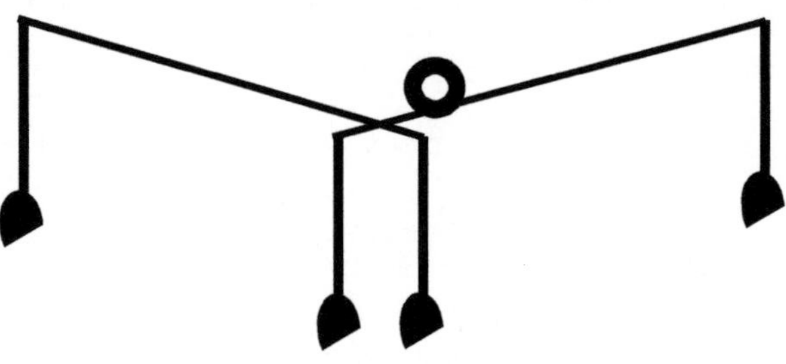

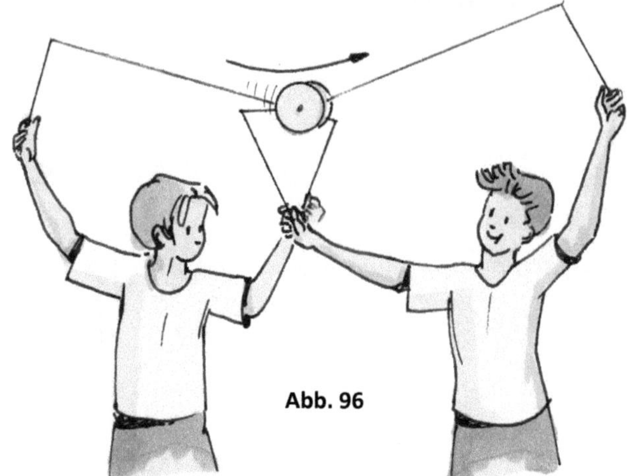

Abb. 96

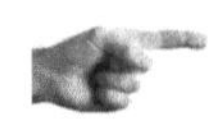 Tipp: *Später auch Hin- und Herwurf versuchen: Die beiden Partner stehen nebeneinander und werfen sich das Diabolo zu.*

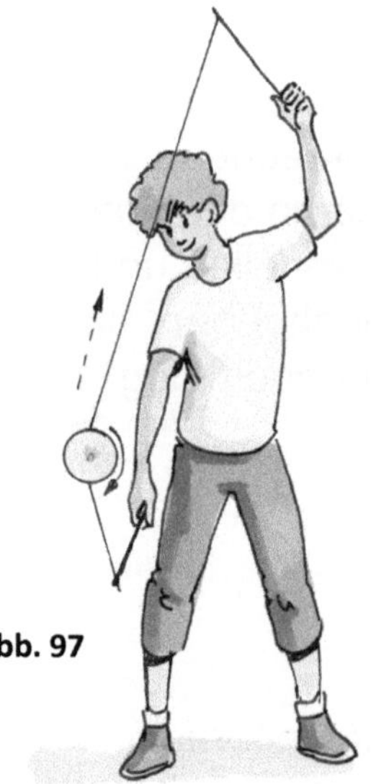

Abb. 97

- Aufzug: Das Diabolo auf der Schnur nach oben laufen lassen. Wichtig ist, dass das Diabolo sich sehr schnell dreht. Den linken Stab ganz nach oben nehmen und mit dem rechten Stab die Schnur um das Diabolo wickeln *(siehe Abb. 97)*.

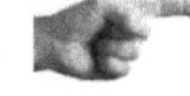 Hinweis: *Die Schnur senkrecht und auf Spannung halten – das Diabolo läuft hoch. Wenn es nicht läuft oder nur nach unten, ist die Schnur zu locker! Die Schlinge wieder öffnen, wenn das Diabolo oben ist und wieder beschleunigen.*

- Pirouette: Der Schüler dreht sich während das Diabolo in der Luft ist um die eigene Achse und fängt dann das Diabolo wieder auf.
- Über den Fuß springen lassen: Grundstellung, beide Arme weit auseinander. Nun von oben mit dem rechten Fuß rechts vom Diabolo in die Schnur treten. Den linken Stab schnell hochziehen, dadurch wird das Diabolo über den Fuß katapultiert.

Hinweis: *Die Handstäbe weit auseinanderhalten und den Fuß nicht zu nah an das Diabolo setzen.*

9 Spielerische Aquilibristik – die Kunst des Gleichgewichtsverhaltens

Sich selbst und Gegenstände im Gleichgewicht zu halten – in der Balance bleiben – ist wichtig für das Gelingen von vielen Bewegungskunststücken.
Beim Balancieren über das Seil, auf dem Rollbrett, auf der Laufkugel, beim Stelzen laufen und beim Einrad fahren *(siehe Sportstunden schnell organisieren – Band 2: Gleitende und rollende Geräte, Kohl-Verlag, Best.-Nr. 11533)* wird diese Fähigkeit besonders deutlich, aber auch bei der Partnerakrobatik und beim „Bau von Pyramiden" geht es darum, unter besonderen Bedingungen die Balance zu halten und das Gleichgewicht nicht zu verlieren. Schon bei Schülern im Primarbereich versucht man diese Fähigkeiten durch entsprechende Bewegungslandschaften in der Sporthalle zu fördern und zu schulen.

Rola-Bola (Balance auf dem Rollbrett)

Der Umgang mit dem Rola-Bola (Rollbrett) ist nicht so schwierig, wie es vielleicht aussieht. Man muss versuchen, das Brett auf der Rolle zu balancieren, ohne dabei den Boden zu berühren. Bei der Rola-Bola kommt es darauf an, das Hin- und Herpendeln des Brettes zu erlernen, ohne dabei das Gleichgewicht zu verlieren, das heißt, abspringen zu müssen. Durch sächliche und personelle Hilfen ist es schnell möglich, erst einmal auf dem Brett zu stehen. Für das ruhige „Draufstehen" braucht es Übung und etwas Zeit.
Das Rollbrett (Rola-Bola) besteht aus einem Brett (Mehrschicht) 60 x 35 x 2,2 cm, die Kanten und Ecken sind abgerundet, auf der Unterseite sind Gummipuffer als „Bremsen" angebracht, um das unkontrollierte Abrutschen des Brettes von der Rolle zu verhindern. Die Rolle besteht aus Massivholz und hat ein Maß von 10 x 35 cm. Im Fachhandel ist das Gerät zum Preis von ca. 60 Euro erhältlich.

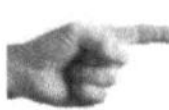

Hinweis: *Es wird hier bewusst auf eine Anleitung zur Selbstherstellung verzichtet. Im Schulbetrieb ist es „sicherer", nur geprüfte Geräte einzusetzen.*

Hinweise zur Sicherheit

- Sich selbst mit den Händen an der Sprossenwand festhalten.
- Der Lehrer oder ein Mitschüler helfen durch Handfassung.
- Auf ausreichenden Abstand zum Mitschüler achten.
- Als Untergrund haben sich Teppichboden oder ausrollbare Bodenturnmatten bewährt.

Auf- und Absteigen

Zum Aufsteigen wird das Rollbrett auf die Rolle gelegt, eine Seite liegt auf dem Boden.

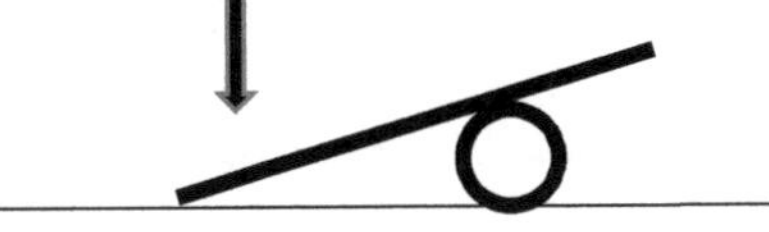

So könnte es gehen ...

Wichtige Hinweise vor Beginn des Übens

- Kein Schüler ohne vorherige Einweisung auf das Rollbrett. Anfänger benötigen unbedingt zu Beginn „Hilfe".
- Mit dem ersten Fuß auf das rollenferne Ende steigen, weil es noch Bodenkontakt hat. Der zweite Fuß wird parallel zum ersten auf die Seite des Bretts gesetzt, die nach oben zeigt *(siehe Abb. 98 auf der nächsten Seite)*.

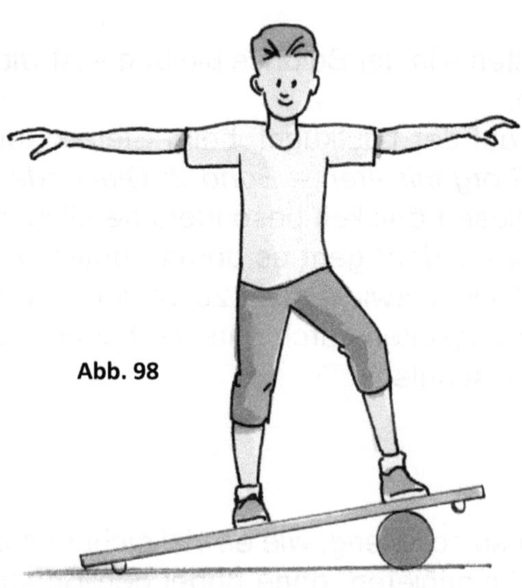

Abb. 98

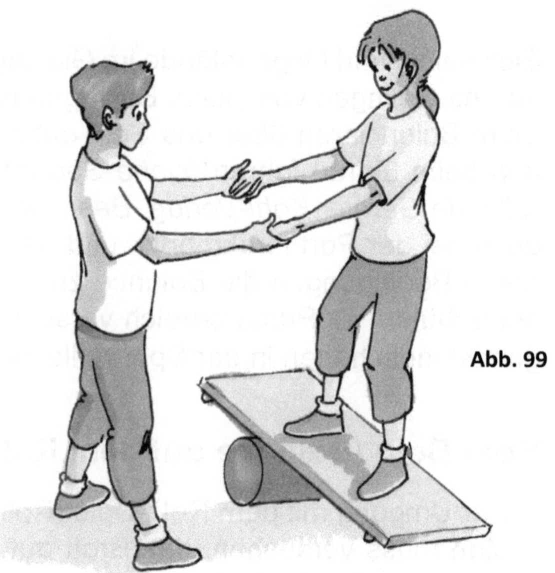

Abb. 99

Der Lehrer hilft dabei mit Handfassung oder mit Unterarmgriff *(siehe Abb. 99)*.

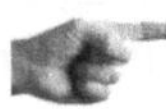 Tipp: *Das Gewicht nach dem Aufsetzen verlagern und „spüren“ was passiert. Die Beine ein wenig beugen, damit sie wie Stoßdämpfer ausgleichen können. Den Körperrumpf unter „Spannung“ halten, auf keinen Fall einen „Buckel machen“ oder ins Hohlkreuz fallen.*

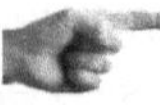 Hinweis: *Wenn einzelne Schüler nach den ersten Versuchen alleine üben wollen, können sie das mit Griff der Hände an der Sprossenwand oder auch mithilfe eines großen Kastens tun.*

Den richtigen Abstand nicht vergessen!

Das Brett mit einer Seite zum Boden abrollen und dann vorsichtig absteigen.

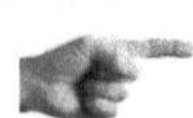 Tipp: *Auch erst mit Hilfe (Handfassung) üben.*

- Wie zuvor, aber nur noch mit leichter Handfassung (eine Hand oder Finger) als Hilfe nutzen.
- Versuchen, das Brett ruhig im Gleichgewicht zu halten: Standbalance.

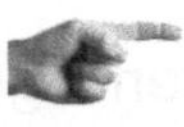 Hinweis: *Vorsichtige Gewichtsverlagerung auf beide Beine in der Mittelstellung.*

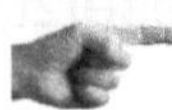 Tipp: *Wenn es kritisch wird, rechtzeitig abspringen, damit man nicht über oder auf die Rolle fällt. Eventuell auch immer wieder üben.*

9 Spielerische Aquilibristik – die Kunst des Gleichgewichtsverhaltens

- Durch eine vorsichtige Gewichtsverlagerung auf beide Beine versuchen, das Brett in eine Mittelstellung zu bringen und dabei leichte Hin- und Herbewegungen ausführen: „Pendelbalance“ *(siehe Abb. 100)*.

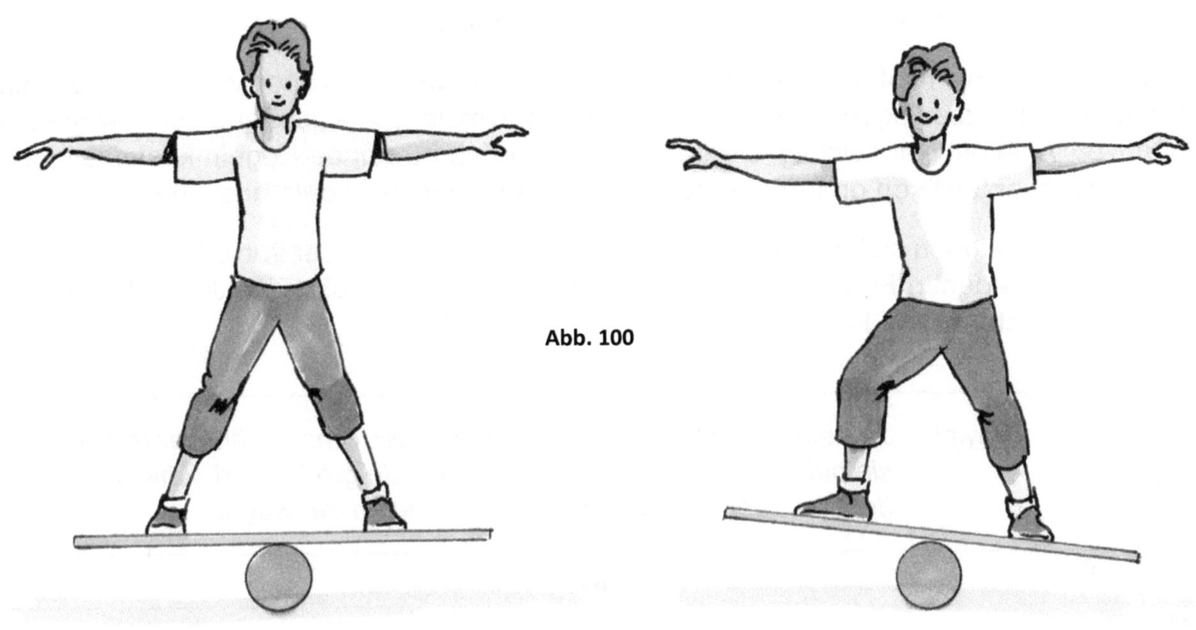

Abb. 100

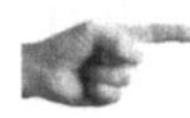 Tipp: *Rumpfspannung beibehalten und die Beine leicht beugen.*

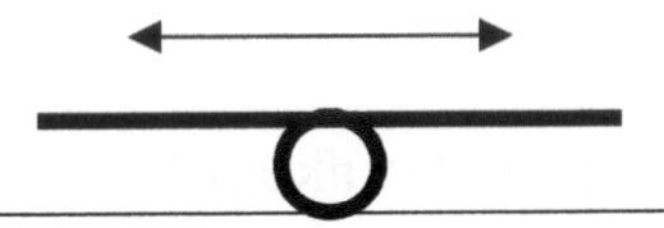

Mit zunehmender Sicherheit können die Schüler zusätzliche Aufgaben lösen, z.B.

- Balance auf dem Rollbrett und einen zugeworfenen Ball fangen und wieder zurückwerfen,
- Balance auf dem Rollbrett und Jonglieren mit Tüchern und/oder Bällen.

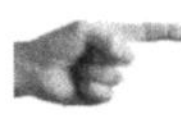 Tipp: *Eventuell kann der Lehrer oder ein Mitschüler dabei leicht die Hüfte halten (fixieren).*

Für besonders leistungsstarke Schüler:

- In Kauerstellung vor das Rollbrett treten und es mit beiden Händen halten: Mit einem kleinen Sprung aufhocken und in gewohnter Weise versuchen, das Gleichgewicht herzustellen.

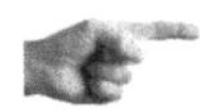 Hinweis: *Der Lehrer steht davor und reicht die Hände eventuell als Hilfe.*

KOHL VERLAG Das Zirkusbuch Alle machen mit! – Bestell-Nr. 11 643

10 Kugellaufen

Balancieren auf der Kugel / Kugellaufen

Das Balancieren auf der Kugel ist für Schüler etwas ganz Besonderes. In der Schule kann man damit hervorragend die Gleichgewichtsfähigkeit schulen und in der Psychomotorik kann damit ein gestörter Gleichgewichtssinn trainiert werden.

Schüler fühlen sich sofort von der Kugel in den Bann gezogen, aber Vorsicht, das Balancieren und sich fortbewegen ist gar nicht so einfach. Umsicht, Aufsicht und schrittweises Vorgehen bzw. Anleiten sind wichtig. Da die Anschaffung von Balance-Kugeln kostspielig ist, kann man sich eventuell von anderen Schulen erst einmal einige Kugeln ausleihen.

Für Anfänger eignen sich Balance-Kugeln mit einem Durchmesser von 60 oder 70 cm. Es gibt sie in verschiedenen Farben und sie sind aus hartem Kunststoff (PE). Je nach Größe haben sie ein Gewicht von 12 kg oder 15 kg.

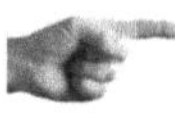

Hinweis: *Je kleiner und leichter die Balancekugel, umso schneller reagiert sie auf die Bewegungen des Artisten. Je größer und schwerer, desto „träger", langsamer ist die Reaktion der Kugel.*

Gewöhnung an die Laufkugel

- Auf der Kugel sitzen, knien, mit dem Bauch darauf legen, hin- und herrollen – so kann man erste Erfahrungen mit dem neuen Gerät machen.
- Anfangs kann auch ein Medizinball für erste Übungen eingesetzt werden.

Hinweise für den Anfang

- Bei den ersten Versuchen wird die Laufkugel „ruhiggestellt", das heißt, sie wird zwischen kleine Kästen eingeklemmt. Der Lehrer oder ein Mitschüler steht auf den Kästen und hält die Hände des übenden Schülers. So kann auch das Auf- und Absteigen untersützt werden *(siehe Abb. 101)*.

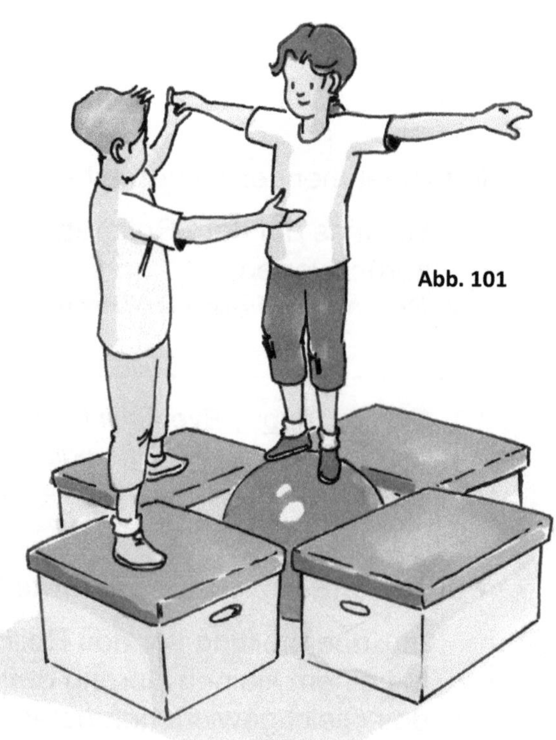

Abb. 101

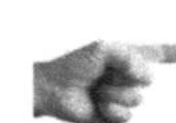

Hinweis:

Somit wird ein erstes sicheres Stehen auf der Laufkugel ermöglicht. Mit kleinen Trippelschritten wird das Gleichgewicht gehalten.

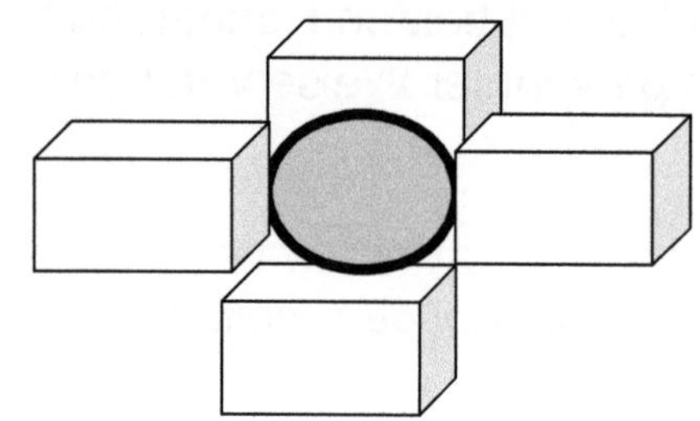

10 Kugellaufen

- Eine andere Möglichkeit besteht darin, auf der Laufkugel stehend sich mit der wandnahen Hand an der Sprossenwand festhalten, während die andere Hand einen Stock/Stab hält, der zusätzlich absichert (möglichst unten gummiert, damit er nicht wegrutscht)
- Sich Schritt für Schritt seitwärts bewegen. Anfangs fällt es den Schülern oft leichter, sich seitwärts auf der Laufkugel fortzubewegen. Dafür werden rechts und links 3-4 Matten aufeinandergelegt, die Laufkugel befindet sich in der Mattengasse.

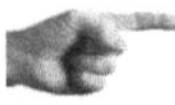

Tipp: *Auch hier unterstützen Mitschüler und Lehrer durch Handfassung und Hüfthilfestellung. Eventuell als Aufstiegshilfe einen kleinen Kasten bereitstellen.*

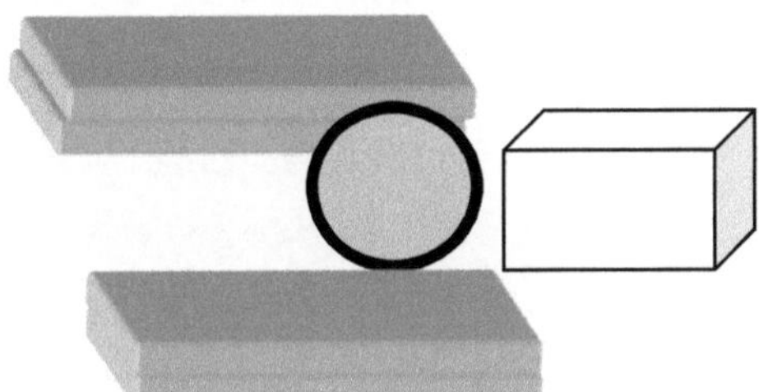

Abspringen: Schon bei den ersten Übungen muss das kontrollierte Abspringen geübt werden: Sich langsam und bewusst nach vorne fallen lassen und die Landung weich abfangen *(siehe Abb. 102)*.

- In der Mattengasse: Mit kleinen Trippelschritten sich langsam vorwärts bewegen – zwei Hilfestellungen rechts und links unterstützen den Schüler auf der Kugel. Eventuell zusätzlich eine Sicherung am Rücken. In der Mattengasse kann man ohne Probleme auch schon längere Strecken zurücklegen *(siehe Abb. 103)*.

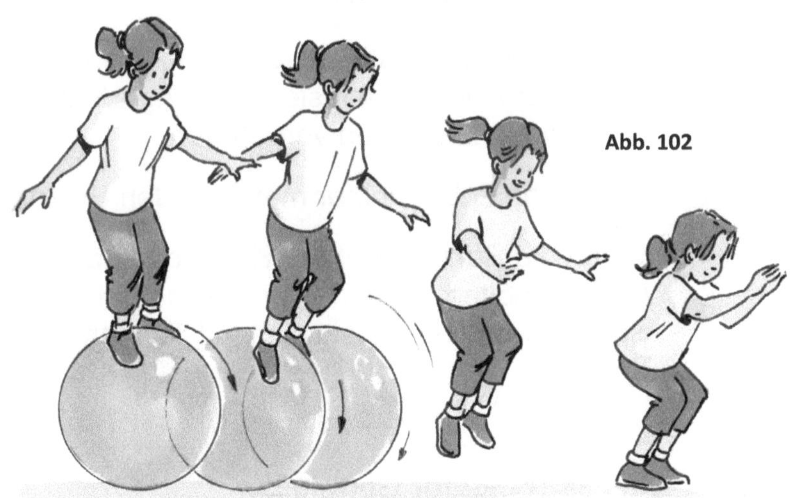

Abb. 102

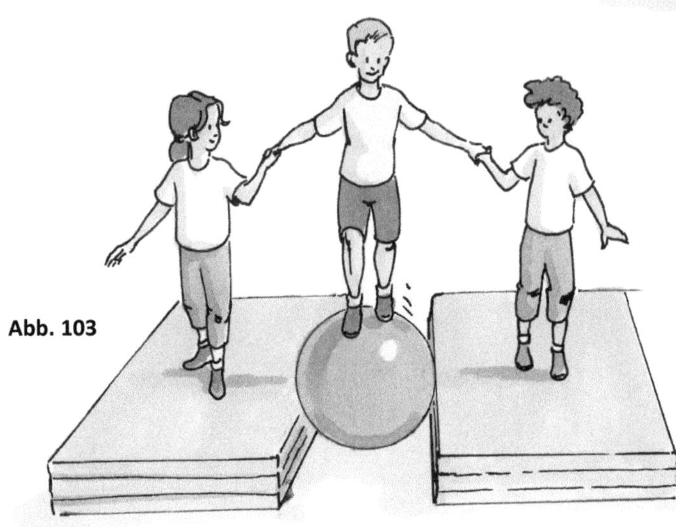

Abb. 103

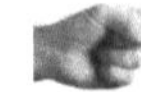

Hinweis:

Kleine Trippelschritte ausführen, den Körper möglichst aufrecht halten – auf keinen Fall nach unten sehen.

- Wie vorher, aber in der Mattengasse auch rückwärtsgehen versuchen, danach wieder vorwärts.
- In einem Mattenviereck alle Fortbewegungsarten versuchen. Zunächst vorwärts gehen, dann rückwärts und danach wieder vorwärts usw..

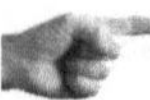
Hinweis: *Immer kontrollierte Trippelschritte ausführen. Die Helfer rechts und links bleiben bestehen. Eventuell auch nur noch mit einer Hilfestellung laufen oder auch kurzzeitig loslassen.*

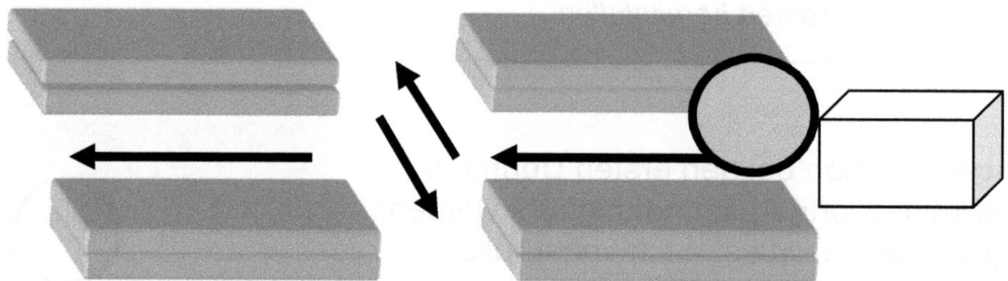

- Wie vorher, aber sich auf der Kugel drehen und dann vorwärts weitergehen.
- Auf die Laufkugel steigen und mit Hilfe von zwei Stöcken/Stäben (möglichst unten gummiert, damit sie nicht wegrutschen) langsam vorwärtsgehen. Auch Richtungsänderungen vornehmen.
- Wie vorher, aber immer mehr auf den Einsatz der Stöckew/Stäbe verzichten.
- Wenn die Balance auf der Kugel auch ohne die Ausgleichbewegungen der Arme gehalten werden kann, werden zunächst Gegenstände wie Bälle getragen. Später kann dann zusätzlich mit Tüchern oder Bällen auf der Laufkugel jongliert werden.

Weitere Tricks für Geübte

- Auf die Laufkugel aufhocken/aufspringen: Mit wenigen Schritten anlaufen, beidbeinig abspringen und Landung mit Händen und Füßen in der Bank- oder Hockstellung auf der Laufkugel, danach aufrichten und ausgleichen.

Literaturangaben

Ballreich, R./Grabowiecki, v.U.: Zirkus-Spielen, Hirzel Verlag, Stuttgart 1992

Blume, M.: Akrobatik-Training, Technik, Inszenierung, Aachen 1994

Bruckmann, M./Dieckert, J./Herrmann, K.: Gerätturnen für alle, Pohl-Verlag, Celle 1991

Butte, A.: Bewegungskunststücke und Zirkus in Schule und Verein, Pohl Verlag, Celle 2007

Deutscher Sportbund: Der Übungsleiter Sammelband 1996-2000, Limpert Verlag, Wiebelsheim 2001

Gaal, J.: Bewegungskunststücke – Zirkuskünste, Verlag Karl Hofmann 1994

Kolleger, M.: Körpererfahrung im Gerätturnen, Limpert Verlag, Wiesbaden 1995

Kruber, D./Kikow A.: Übungskarten zur Freizeitakrobatik, Pohl-Verlag, Celle 2003

Lütgeharm, R.: Die bewegte Schule – Wir machen Zirkus, Domino Verlag München 2007

Lütgeharm, R.: Fit und kreativ durch Bewegung, Kohl-Verlag, Kerpen 2009

Lütgeharm, R.: Inklusion im Sportunterricht, Kohl-Verlag, Kerpen 2012

Lütgeharm, R.: Sekundarstufe - Stundenbilder Sport – Koordination, Kondition, Aktivierung zur Bewegung, Kohl-Verlag, Kerpen 2009

Lütgeharm, R.: Sportstunden schnell organisieren, Band 2: Gleitende und rollende Geräte, Kohl-Verlag, Kerpen 2014

Lütgeharm, R.: Die bewegte Schule – Wir machen Zirkus, Domino Verlag, München 2007

Schulz, H./Suhre, W.: Spiel, Sport, Spaß mit Kindern und Familien, Pohl-Verlag, Celle 1994

Klasse | 5 | 6 | 7 | 8 | 9 | 10 | 11-13

Musik

Andreas von Hoff

Boomwhackers – How to start!

Ohne großen Vorbereitungsaufwand sofort mit der ganzen Klasse musizieren! In einfachen Lernschritten werden die Schüler vom gleichmäßigen Zusammenspiel zum rhythmisch-melodischen Ensemble geführt. Erlernt und vertieft werden Viertel- und Achtelnotenwerte im 4/4 Takt sowie einfache Songstrukturen von beliebiger Länge. ***Die Umsetzung der Rhythmusvorgaben ist kinderleicht!***

FARBIG

1	Ganz einfache Einstiege	10 804	je 44 Seiten
2	Melodie und Harmonie	10 811	ab 21,49 €

5 6 7 8 9 10 11-13

Andreas von Hoff

Boomwhacker-Begleitarrangements

Einfache und sofort umsetzbare Arrangements. Mit einer Begleit-CD, Hörbeispielen und Begleitarrangements.

Band 1: Begrüßung International; Happy Birthday; Hello Good Morning; Mathilda, Die Schnecke; Viel Glück und viel Segen; Another Brick In The Wall

Band 2: Die Affen rasen durch den Wald; Wenn der Sommer kommt; Wie Eis in der Sonne; Wir machen Pa-Pa-Pa

Band 3: Oh, when the Saints; feliz navidad; jingle bells; We Wish You a Merry Christmas

FARBIG

48 S.	Band 1	10 816	ab 17,49 €
56 S.	Band 2	10 829	ab 15,99 €
32 S.	Band 3	10 856	ab 17,49 €

5 6 7 8 9 10 11-13

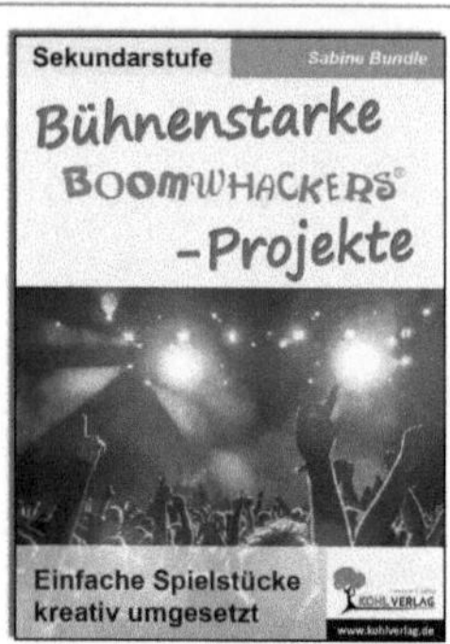

Sabine Bundle

Bühnenstarke Boomwhacker-Projekte

Einfache Spielstücke kreativ umgesetzt

Die Aufführung steht an, die bunten Röhren warten auf ihren Einsatz. Mit den Spielstücken wird die Bühne gerockt. Einfache Anleitungen und Ideen zur Umsetzung machen es auch fachfremd Unterrichtenden möglich, die Schüler zu motivieren. Mit ausführlichen Anleitungen, Spielkarten für jede Stimme, Umsetzungsideen & -tipps.

FARBIG | 32 Seiten | 12 199 | ab 17,49 €

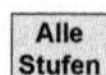

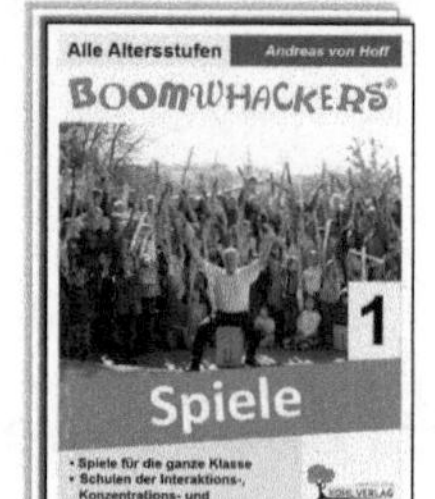

Andreas von Hoff

Boomwhackers - Spiele

Sie brauchen kreative Anregungen zum Einsatz der Boomwhack Andreas von Hoff hat an über 100 Schulen mit mehr als 12.000 Sc lern gearbeitet. Aus den dabei gewonnenen Erfahrungen entstanc diese Bände mit sechzehn abwechslungsreichen und motivierenc Boomwhackers-Klassenspielen, die ohne großen Aufwand in die Pra umzusetzen sind. Die Hälfte dieser Spiele lässt sich auch gut bei A führungen einsetzen!

24 S.	1	Spiele	10 840	ab 10,99 €
32 S.	2	Noch mehr Spiele	10 946	ab 10,99 €

All Stuf

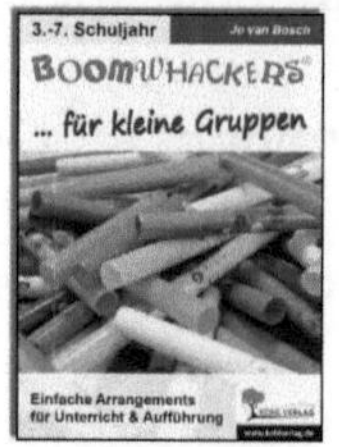

Jo van Bosch

Boomwhackers ... für kleine Gruppen

Wenige Boomwhackersets genügen schon, um die dreistimmigen, einfa umzusetzenden Arrangements im Unterricht/bei Schulaufführungen umzus zen. Auch für fachfremd Unterrichtende geeignet!

FARBIG | 36 Seiten | 11 831 | ab 15,99 €

Andreas von Hoff

Noten lernen mit Boomwhackers

Ein ganz leichter Grundkurs für alle

Noten lernen kann richtig Spaß machen: mit Boomwhackers! Dieser Ba beschäftigt sich handlungsorientiert mit Vierteln und Achteln und fordert z Experimentieren auf. Mithilfe des Zusatzmaterials zum Download lassen s auch eigene Varianten erstellen.

FARBIG | 32 Seiten | 10 892 | ab 16,49 €

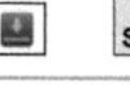

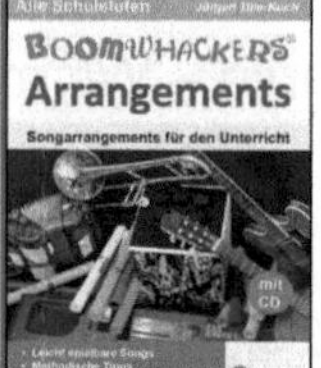

Jürgen Tille-Koch

Boomwhacker-Begleitarrangements

Die Arrangements sind einfach gehalten, das Konzept orientiert sich an instrumentalen Ausstattung Ihrer Schule. Die notierten Boomwhacker-/Cajo stimmen können wie alle anderen Notierungen sowohl vom trad. Instrume tarium (z.B. Percussions, Klavier, etc.) oder von aktuellen Instrumenten (z Schlagzeug, E-Gitarre, Keyboard, etc.) übernommen werden.

FARBIG | 40 Seiten | 11 352 | ab 17,49 €

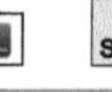

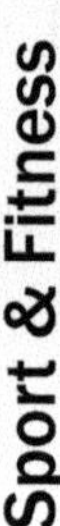

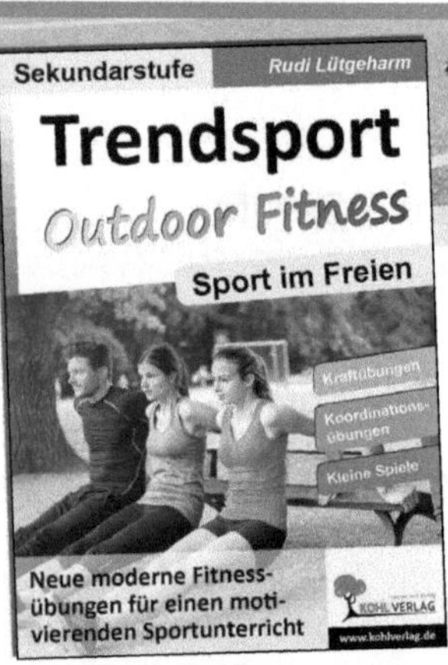

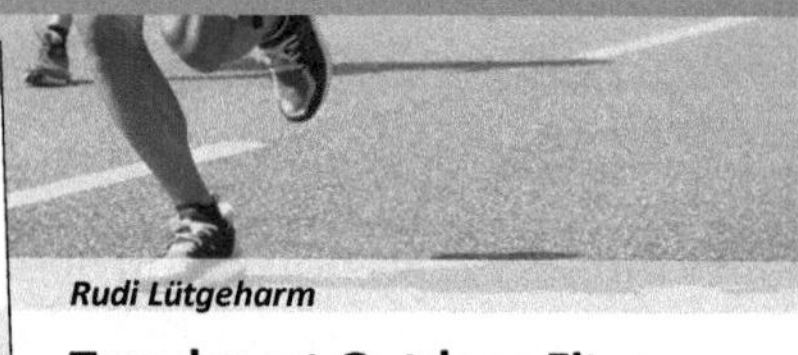

Rudi Lütgeharm

Trendsport Outdoor Fitness

Die Natur wird zum Sportplatz. Es werden natürliche Gegebenheiten für den Sportunterricht und das Fitnesstraining genutzt. Der Sportlehrer muss die situativen Bedingungen und die sich daraus ergebenden Übungsmöglichkeiten zunächst erkennen und dann entsprechende Übungen für seine Schüler anbieten. Im Freien lassen sich das Lauf- und Krafttraining gut kombinieren.

64 S. | 12 346 | ab 14,49 €

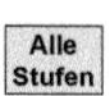

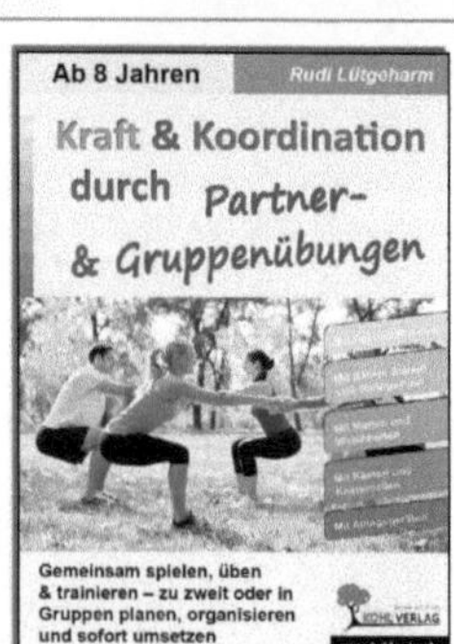

Rudi Lütgeharm

Kraft & Koordination

durch Partner- & Gruppenübungen

Im Mittelpunkt steht das Schulen der Grundtätigkeiten und das Verbessern der konditionellen und koordinativen Fähigkeiten. Aus der Vielzahl möglicher Übungen wird hier eine Auswahl angeboten, die unter Einsatz von Geräten wie Taue, Bälle, Kastenteile, Stäbe, Turnbänke, Matten, Weichböden und Alltagsgeräte besonders motivierend auf Kinder und Jugendliche wirken. Partner- und Gruppenübungen sind auch in heterogenen Klassen/Gruppen ohne viel Aufwand sofort umsetzbar.

48 Seiten | 12 716 | ab 13,49 €

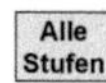

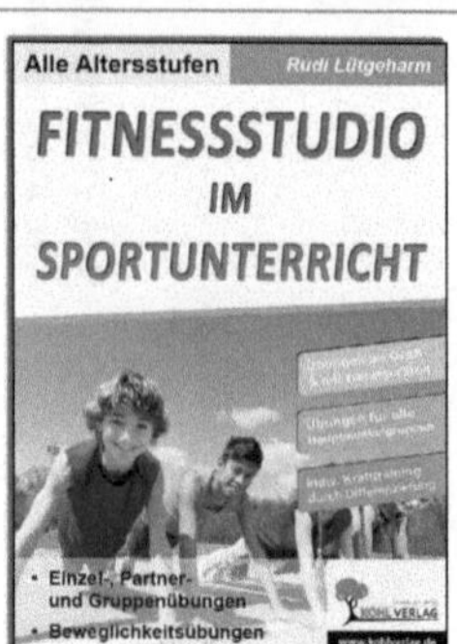

Rudi Lütgeharm

Fitnessstudio im Sportunterricht

Krafttraining in Einzel-, Partner- und Gruppenübungen

Wir holen das Fitnessstudio in die ganz normale Sporthalle. Auch im regulären Unterricht ist es möglich, ähnliche Angebote wie im Fitnessstudio zu bieten. Funktionelle Übungen zu Muskeltraining, Ausdauer und Häufigkeit, Beweglichkeit und Kräftigung werden erklärt. Vorschläge zum individuellen Krafttraining durch Differenzierung und ausführliche Beschreibungen zu allen Übungen gewährleisten einen modernen und inhaltlich neu ausgerichteten Sportunterricht.

112 Seiten | 12 200 | ab 18,99 €

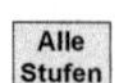

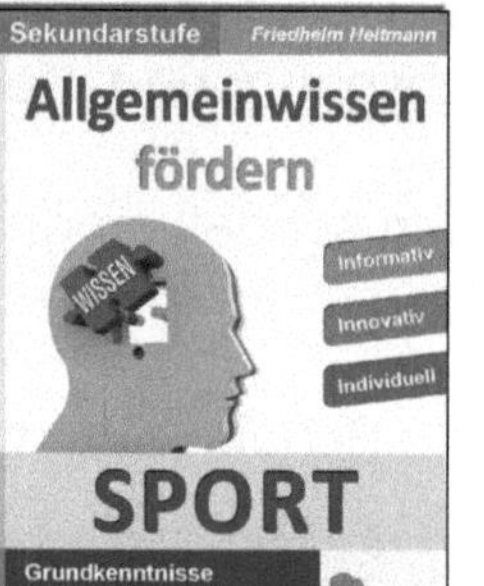

Friedhelm Heitmann

Allgemeinwissen fördern SPORT

Grundkenntnisse in kleinen Portionen

Sport wird unter diversen Gesichtspunkten betrachtet. Zunäc wird die historische Entwicklung des Sports dargestellt. Zu c vielen Inhalten des Bandes gehören Themen wie die Olympisch Spiele, Mädchen und Frauen im Sport, Breiten- sowie Leistung sport, Sport und Gesellschaft ... Der Band umfasst auch Them wie Training im Sport, Sportmedizin, Ernährung. Hinzu komm Vorlagen zur Darstellung des eigenen Sport-Profils, des Sport-Id eines Sportvereins.

72 Seiten | 12 343 | ab 14,99 €

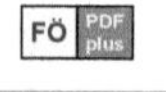

All Stuf

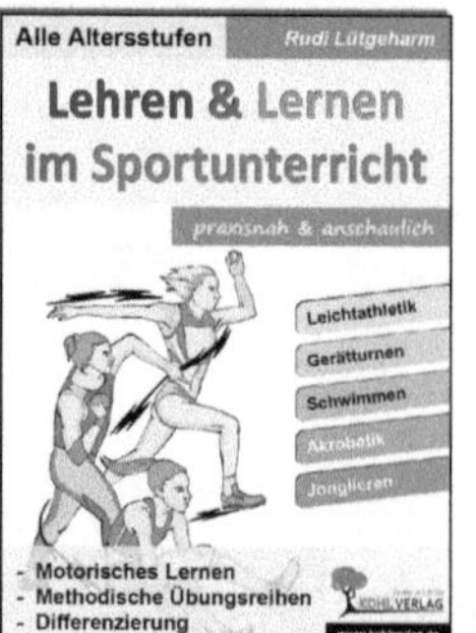

Rudi Lütgeharm

Lehren & Lernen im Sportunterricht

Eine ganz wichtige Voraussetzung für die Durchführung c Sportunterrichtes ist die Kenntnis über motorische Lernprozess Dieser Band vermittelt die Phasen des motorischen Lernens v der Grob- zur Feinform bis hin zur Stabilisierung und variab Verfügbarkeit. Hier sind eine große Anzahl sofort umsetzbarer n thodischer Übungsreihen zum Lernen und Üben der wichtigst Bewegungsfertigkeiten in der Leichtathletik, im Gerätturnen, Schwimmen und bei den großen Spielen. Die kleinschrittige G staltung ermöglicht eine Differenzierung.

96 Seiten | 12 579 | ab 18,49 €

All Stuf

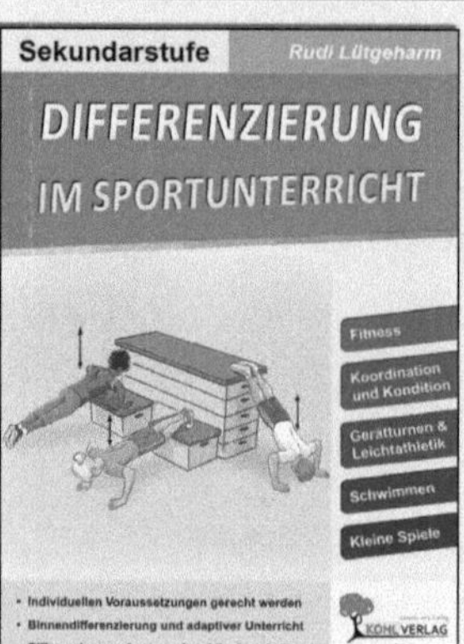

Rudi Lütgeharm

Differenzierung im Sportunterricht

NE

Der Umgang mit motorisch schwächeren, ängstlichen, hyperaktiven, konzentrationsschwachen und gehandicapten, aber natürlich auch mit besonders leistungsstarken Schülern ist in der Regel der pädag gische Normalfall. Der Sportlehrer muss differenzieren, c mit alle Schüler aktiv am Sportunterricht teilnehmen könn und ihnen Erfolgserlebnisse ermöglicht werden.

Dieses Buch zeigt die Möglichkeiten eines differenziert Sportunterrichts auf und nennt ***Sofort umsetzbare Pra tische Beispiele für den SEK I aus den Sportarten ...***

Fitness / Koordination & Kondition / Schwimmen / Gerätturnen & Leichtathletik / Spiele

48 Seiten | 13 020 | ab 14,49 €